조리사가 되려는 아들에게

살아 남기를

원하는 조리사들에게

조리사가 아니더라도

세상에서 살아 남기 원하는

모든 이들에게 ....

오 혁 수 드림.

조리사로
살아남기

꿈을 잃어가는 젊은이들에게
던지는 희망의 메시지

오혁수 저

 백산출판사

청어와 메기

"먼 바다에서 어부들이 많은 청어를 잡아 육지에 도착할 때면, 대다수의 청어가 죽어버린다고 합니다. 그래서 아주 싼 값에 팔아버린다고 합니다. 그런데 이상하게도 한 어부만은 청어를 싱싱한 상태로 육지까지 가져와 아주 비싼 값으로 팔았다고 합니다. 나중에 그 비결을 알고 보니 그것은 아주 간단하였습니다. 청어를 잡은 후, 그 청어를 넣어둔 어창에 바로 청어의 천적인 메기 몇 마리를 같이 넣어두면 육지에 도착할 때까지 거의 모든 청어가 싱싱하게 살아 있다고 합니다. 왜냐하면, 비록 청어의 천적인 메기가 몇 마리의 청어를 잡아먹지만, 청어 대부분은 메기들로부터 자신의 몸을 지키기 위해 정신을 바짝 차리고 있었기 때문입니다."

이 예화는 어창 안에서 죽어가던 청어처럼, 날마다 주방과 냉장고 사이를 뛰어다니며 하루하루를 무의미하게 보내던 내게 크나큰 충격을 주었다. 이 이야기를 통해, 나는 현재 위치에서 나를 값비싼 존재로 만들어줄 메기는 무엇일까 고민하기 시작했고, 그러다 찾아낸 것이 바로 사내 어학강좌를 이용한 일본어 공부, 컴퓨터, 대학원 진학 등이었다.

5

그것들을 한 가지씩 내 생활에 적용해 마치 살아남기 위해 발버둥치는 청어처럼, 나는 메기에게 먹히지 않으려고 몸부림치면서 도전하였으며, 그 결과 나는 지금까지 죽지 않고 싱싱하게 살아남아 현재에 이르고 있다.

참으로 살아남기 위해서 처절하게 발버둥치며 살아왔던 시절을 되돌아보니, 세상에서 살아남는 것 자체가 힘들다는 것을 새삼 느끼게 되었다. 살아남기가 더욱 힘들어진 세상에서 꿈을 잃어가는 젊은이들을 보면서, 저들이 세상에서 잘 살아남기를 바라는 마음에 나의 경험과 주변 사람들의 경험 등을 모아보았다.

이러한 살아남기 체험담들이 여러분들이 살아남는 데 조금이나마 도움이 되기 바란다.

2019. 2.
오혁수

차례

3장 조리사로 살아남기

조리사로 살아남기

조리사로 살아남기 위해서 우선은 조리사가 되어야 한다. 조리사가 되기 위해서는 먼저 조리사 자격증을 취득해야 한다.

조리사 자격증을 취득하기 위해서 요리학원, 대학, 직업전문학교 등을 다녀야 한다. 독학으로 취득하는 경우도 있으나, 매우 드문 경우로 여겨진다.

조리기능사 자격증은 한식, 양식, 일식, 중식, 복어, 제과, 제빵 등으로 나누어져 있는데, 맘에 드는 것(사실은 적성이나 기호에 맞는)으로 하나만 선택하여 취득하면 된다.

자격증을 여러 개 혹은 전부 취득한 때도 간혹 있으나 그런 것은 권장하지 않는다. 많이 따면 모양이 조금 있어 보이긴 하지만, 다수의 자격증을 취득하기 위해 애쓴 노력에 비해, 받는 혜택이 그다지 많지 않기 때문이다.

다시 말해서, 입사 시 자격증의 수가 약간의 참조는 되지만, 채용 여부를 가리거나, 급여책정에서 생각하거나, 자격증수당을 준다거나 하는 경우는 거의 없다는 것이다.

혹시 미래 창업을 위해서 여러 개의 자격증을 취득해 두는 경우가 있는데, 대한민국에서는 한식 자격증을 가지고 있어도 양식, 일식, 중식 등의 업종으로 창업할 수 있으며, 복어전문점을 운영할 때만 복어 자격증을 요구한다.

혹시 본인이 자격증이 없는 경우에는, 직원이 가지고 있어도 된다.

그런데 치사해서 주인이 자격증을 따두는 경우가 많다.

내가 알던 한 복어전문점 사장님은 자격증이 없어 직원 자격증을 걸고 복어식당을 운영하면서, 직원의 갑질에 질려서 목숨 걸고 자격증 실기시험을 봤는데, 볼 때마다 너무 긴장해서 매번 떨어졌다고 한다.

그러다가 오랜 도전 끝에 결국은 실기시험에 합격했는데, 자격증을 받아 든 순간 눈물이 흐르며 설움이 복받쳐서 엉엉 울었다고 한다. 그동안 엄청나게 서러웠나 보다.

어찌어찌하여 조리사 자격증을 취득하였으면, 이젠 취업을 해야 한다. 갈 곳은 많다.

동네 분식집, 샌드위치, 김밥, 갈비집, 중식당부터 시작하여, 대기업이나 중견, 중소기업 외식사업부, 단체급식, 프랜차이즈 레스토랑, 백화점 식당, 쇼핑몰 먹거리 장터, 메뉴별 전문식당 등 … 또는 호텔이나 리조트 등 조리사로서 일할 곳은 다양하게 널려 있다.

다만 근무환경이나 급여조건 등에 따라, 싸고 힘든 곳일수록 채용을 쉽게 해주고, 비싸고 복지여건이 좋은 곳일수록 자리가 많지 않을뿐더러 입사과정도 까다롭다.

학생들 취업지도를 하면서 가장 힘든 것은, 일할 곳이 없는 것이 아니라, 사람을 찾는 곳은 많은데, 학생들이 선택하지 않고 머뭇거린다는 것이다. 왜냐하면, 힘들기 때문이다.

하루 종일 서서 일해야 하고, 때로는 뛰어다녀야 하며, 주방 안에서 항상 긴장된 상태로 일하는데, 배우고 싶은 특별한 기술은 안 보이고, 그저 단순작업의 반복이기 때문이다.

대기업 외식사업부에서 운영하는 레스토랑이나 프랜차이즈의 경우에는 거의 반조리 또는 반가공된 상태의 식재료를, 매뉴얼에 따라 정해진 시간과 온도에 따라 처리하여 내어주기만 하면 된다.

배울 게 없다는 것이 첫 번째 어려움이지만, 더 큰 어려움은, 반복되는 일 속에서 일의 효율성이나 배움을 깨닫지 못하는 데 있다.

두 번째는 사람에게 시달리는 것이다.

주방의 업무를 오랫동안 한 사람들을 보면, 그들에게 적응되기 전까지는 이상한 사람들이라는 생각이 든다.

실제로 근무하다 보면, 이상하게 사람을 못살게 구는 선배 조리사가 있다.

한 선배가 조리용 채소를 썰라고 가르쳐준다.

그대로 썰고 있으면, 다른 선배가 와서는 누가 이렇게 가르쳐주었냐고 핀잔을 주며, 다르게 가르쳐주고 간다.

그러다가, 원래 가르쳐준 사람이 와서는 자기가 알려준 대로 하지 않는다고 엄청 화를 낸다.

'나는 어떡하라고?'라고 큰 소리 치고 싶지만, 목구멍까지만 나온다.

자기들이 뭔가 잘못한 일이 있어서 주방장이 물으면, 모든 것을 신입이 잘못한 것으로 돌린다.

혹시라도 신입이 잘한 일이 있으면, 모두 자기들이 했다고 주방장에게 생색내며 말한다.

세 번째는 몸이 너무 힘들다는 것이다.

군대까지 만기 전역한 멀쩡한 남학생도 날마다 12시간 이상 근무하고 나면, 어지간해서는 다리나 허리가 버텨내지 못한다.

물론 몸 전체에 몰려드는 피로감은 그 다음이다. 그래서 모처럼 쉬는 날에는 하루 종일 잠만 자게 된다. 종일 굶으면서…

종합적으로는 육체와 정신적으로 견디기가 어렵다는 것이다.

이것이 현실이다.

30년 전이나 지금이나 변함 없이…

1장

살아남은 이야기

1장

살아남은 이야기

1. 나의 이야기

1) 내가 조리사가 된 사연

1988년은 내가 롯데호텔 연수생으로 선발되었던 의미 있는 해이다. 벌써 입사 30주년… 그 기념으로 입사 동기들 모임 중에 남아 있는 11명이 여행을 가자고 한다.

최근 30주년 기념 부부동반 저녁식사 모임에도 8쌍이나 참석했다. 가족들과 함께한 시간에서 그 얼굴들을 보면서, 그동안 모두 무럭무럭 많이들 늙어온 것 같다고 생각했다.

난 기계공고 전기과를 나왔다. 취업해서 돈을 벌면서 대학에 다니고, 그렇게 엔지니어의 삶을 살겠다고 중3 때 계획을 세웠었다. 그래서 이제껏 놀기만 하다가 몇 달 반짝 공부로 운 좋게 경기기계공고(당시, 청량기계공고)에 들어갔다. 그런데 열심히 공부하여 상위권 성적을 유지하던 1979년 고등학교 1학년 2학기 중간고사 기간 때, 10·26사태가 발생했다. 기술교육을 부르짖으며 정책적으로 공업화를 주도하시던 고박정희 대통령이 서거하신 것이다. 그러면서 공업계 고등학교에 관한 관심과 지원이 줄어들게 되었고, 그 때문에 많은 동기생이 대학을 가겠다고 상당수 자퇴하기도 했다. 나는 자퇴 대신에 학교는 마치되 학교 공부보다는 대학 입시에 전력을 다하기로 했다. 그래서 그 흔한 전기 관련 자격증 하나 따지 않았다(못 딴 것은 절대 아님). 그래도 이미 뒤처진 학력을 단시간에 올리기에는 무리가 있어 재수까지 했는데 또 떨어졌다. 그러다 명지대학교 도서관학과에 입학했다. 1년만 마치고 총알같이 군에 입대하여, 항공기연료차 운전병으로 복무하다가 86아시안게임 전에 공군 병장으로 제대하였다. 그리고는 부모님께 이렇게 말씀드렸다. "복학만 시켜주시면, 이제부터의 학비는 제가 스스로 해결하겠노라"고… 멋있긴 했지만, 예수님도 아닌 것이 그 날부터 스스로 고난의 길로 접어들었던 것이었다. 아르바이트 전선에 뛰어들어 용돈을 해결하며, 다음 학기 등록금 마련을 위해 주경야독(晝耕夜讀 : 낮에 일하고 밤에 공부함)을 시작하였다.

  유아, 아동도서 외판원부터 시작하여, 자가용 운전기사(면접 보고 떨어짐), 교회홍보인쇄물 영업, 배달, 운전 등 그렇게 아르바이트를 하다가 졸업이 다가오자 취업과 진로에 대한 고민이 생기기 시작하였다.

  나는 자기 주도적인 사람이라 사무직으로 입사를 하면 분명 바른말 하다 해고당할 가능성이 큰 존재임을 미리 알고 있었다. 그래서 병장 시절 말년 휴가 때 대형면허를 따는 것으로 일종의 보험을 들어 놓았다. 즉 혹시라도 실직해도 가장은 식구들을 굶기면 안 된다는 생각에, 이거라도 있으면 버스나 택시라도 운전할 수 있지 않을까 하는 판단에서였다. 한참을 지나서 생각해 보니 기특해도 너무나 기특한 생각임에 틀림이 없었지만, 아직 그렇게 사용해 보지는 못했다는…

  그럼 무엇을 하지?

내 주변을 둘러보았다. 그리곤 짧으나마 내가 걸어왔던 시간을 되짚어보았다. 최근에 아르바이트하면서 해왔던 일들. 그때 가장 기억에 남거나 즐거웠던 일들이 무엇이었던가? 문득 점심을 사 먹을 때가 가장 행복하지 않았던가 하는 생각이 드는 것이…

주머니가 두둑한 날은 2천 원짜리 정식(돈가스와 생선가스 세트), 적은 날은 김밥, 아니면 천 원짜리 순두부 백반이나 천오백 원짜리 설렁탕… 가끔 얻어먹을 땐, 불고기나 갈비 등…

그렇다면 내가 요리를 해봐?

구체적으로 생각을 정리해 보았다.

한식 조리사… 당시 한식당의 조리사들은 장화에 덥수룩한 머리, 손때가 묻어 더러워 보이는 흰색 조리복 상의로 화장실에서 가래침을 캭하고 내뱉었던 모습을 본 기억이 나서 고개를 절레절레…

양식 조리사… 그때는 경양식 레스토랑이 유행이었다. 돈가스, 비프스테이크, 비프커틀릿, 정식 등을 파는… 대부분 검정 바지에 흰 셔츠를 입고 앞치마를 입고 일했는데, 왠지 껄렁대는 종업원 같은 느낌이라서 싫었다.

중식 조리사… 짜장면은 맛있는데, 그 주방은 너무 비위생적으로 보였다. 그 안에 있을 내 모습은 생각도 하기 싫었다. 지금 생각해 보니, 그걸 해야 했는데 하는 아쉬움이 좀 남지만…

일식 조리사… 왠지 내 갸름한 얼굴과 일식의 깔끔함이 일치하는 듯한 기분이 들었다. 더구나 대입시험 때 영어 대신에 일본어로 시험을 치르면서 재미를 느꼈기에, 일식이라는 분야에 그다지 이질감이 들지는 않은 듯… 그때, 제과제빵은 왜 생각도 못했는지… 그것도 하면 잘했을 것 같은데… 이건 더 아쉬움이 남는다.

그래서 결정했다. 일식 조리사가 되기로!

그런데, 어디서부터 어떻게 해야 하는 거지?

우선 조리사 자격증이 필요할 거라는 생각이 들었다.

그러다가 구한 것이 학원에서 사용하는 조리기능사 이론교재였다.

식품학, 위생학, 영양학, 원가관리, 조리원리 등이 나온 것 같았다.

생전 처음 보는 것들이었다.

여름방학 때 각오하고 교재를 독학으로 거의 외우다시피 하였다. 과목별로 요약된 내용이 나오고, 예상문제도 나왔다. 한 달을 공부하고 맨 뒤에 기출문제를 풀어보니 60문제 중에 50개 정도 맞았다(36개 이상 맞추면 합격). 그래서 시험을 보았다. 문제를 다 풀고 정확하게 맞은 것을 세어 보니 45개가 넘었다.

거기서 생각했다. 이론은 되었고 어디서 실기를 배우지?

그 당시 신라호텔에서 운영하는 동방프라자(서울시청과 남대문 사이) 지하에 '후루사토(鄕里)'라는 일식당이 있었는데, 거기 직원이면 신라호텔 직원이 된다고 하였다. 지인의 한 다리 건너 소개로 면접을 보았다. 주방장은 인상이 좋다며 오케이 했고, 거기 사업부 책임자 면접을 보았는데 연락이 없었다. 떨어진 것이다. 나중에 안 일이지만, 학력에 대학 중퇴라고 썼는데, 호텔 측에서는 대학을 다니던 사람이 조리사로 들어온다는 것은, 노조를 일으키기 위한 위장 취업이라고 판단하여 나를 채용하지 않았다는 것이다.

이런 제길… 난 목구멍이 포도청인데 노조는 무슨… 어이가 없었다.

그리고 얼마 후 신문일간지에 이런 광고가 났었다.

사원 및 연수생모집

"세계 10대 호텔로 성장한 호텔 롯데는 더욱더 안정된 미래를 약속합니다."

1. 모집부문 및 정원

부 문		해 당 직 종	모집인원	자 격 요 건	공 통 사 항
신입	객실	프론트, 예약	남녀○○명	●외국어 능통자 ●남 : 28세 미만 ●여 : 24세 미만	●고졸 이상자 (89년 2월 졸업예정자 포함) ●해외여행에 결격사유가 없는자 ●남자는 군필 또는 면제자
연수생	서어비스직	벨맨, 레스토랑, 바, 사우나, 안내	남녀○○명	●남 : 26세 미만 ●여 : 22세 미만	
	조리직	한, 중, 일, 양식, 제과	남 ○○명		

2. 전 형 방 법

서류심사 – 면접 – 신체검사
(서류심사 합격자에 한하여 면접 일정 개별통지)

3. 제 출 서 류

가. 입사지원서 (당사 소정양식)·······························1부
나. 고   졸 : 고교생활기록부 사본·······························1부
　 전문대졸 : 고교생활기록부 사본 및 전문대 성적증명서·················1부
다. 자격증사본 (해당자에 한함)

4. 지원서교부 및 접수

가. 기간 : 1988. 10. 26 (수)~1988. 11. 1 (화) 10 : 00~17 : 00 (일요일 제외)
나. 교부 및 접수처 : LOTTE SHOPPING 2층 후문 플라자광장
다. 본인 직접 접수 한함.
라. 문의 : 호텔롯데 인사부 인사과 전화 : 759-7141

5. 기   타

가. 지원서 우측상단에 응시구분, 희망직종 전화번호 기재.
나. 접수된 서류는 일체 반환하지 않음.
다. 연수생은 일정기간 연수후 사원으로 채용되며, 연수기간중 연수비를 지급.

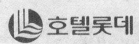
호텔롯데

"롯데호텔 사원과 연수생 모집"

그 광고를 보는 순간, '이것은 나를 위해 하늘이 주신 기회로구나!' 하는 생각이 들었다.

뜻이 있는 곳에는 반드시 길이 있다는 생각…

■ 원서 접수와 면접

전에 쓴 경험을 이미 맛본 터라, 학력은 고졸로 하고 '조리(일식)'라고 희망부서를 써서 원서를 접수했다. 접수하던 직원이 원서를 보더니 물어보았다.

응시부문에 그냥 '조리'라고 쓰면 되는데, 왜 '(일식)'이라고 덧붙여 썼느냐고…

"저는 일식을 하기 위해 조리사가 되려는 것입니다."라고 당돌하게 말했다.

나중에 신입사원 교육 때 인사부장에게서 들은 얘기인데, 원서 접수 시 비공식적인 1차 면접이 시행되었다고 한다. 원서는 반드시 본인이 접수하라 하고, 접수하면서 지원자의 인상이나 확신 등을 보고 원서를 두 군데로 나누어 놓고, 한쪽으로 치워진 원서는 서류전형도 하지 않았다고… 당돌했던 나의 대답이 확신을 주었었나 보다.

암튼 며칠 후 연락이 왔다. 서류전형에 합격하였으니 면접을 보러 오라고… 생전 처음으로 맞춤 양복(우리 형님 결혼식 때 얻어 입음)을 입고, 면접장에 갔다.

3배수 정도 면접을 본다고 하는데, 모두 잘나 보였다.

이윽고, 면접장에 들어갔다.

면접관이 내게 묻는다.

"공고를 나오셨네요? 군대에서는 무엇을 했었습니까?"

"네, 항공기 연료 차를 운전했었습니다."라고 대답했다.

"2년 전에 제대했는데, 여기 오기 전에는 무엇을 했습니까?"

"네, 이러저러한 아르바이트를 하다가 왔습니다."라고 답변을 하자마자, 바로 치명적인 질문을 들이밀었다.

"공고 전기과에서, 운전병으로, 책도 팔고 이것저것 아르바이트를 하다 오신 분이라, 여기서도 힘들면 바로 그만두겠네요?"

헐!

완전 유도신문에 걸린 기분이었다.

'뭐라고 답하지? 대학을 다녔었다면 더 이상하게 될 것 같고…'

순간 하늘은 파란데, 내 눈앞은 깜깜해지는 것이…

그런데 돌연 이런 말이 내 머리를 거치지 아니하고, 나도 모르게 바로 입으로 나오고 있었다.

"저는 조리사가 되기 위해 모든 것을 정리하고 포기하고 왔기 때문에, 이젠 더 이상 포기할 수도 없습니다."

내 대답에 그냥 피식 웃던 면접관이 그만 나가보라고 했다.…

그리고 며칠이 지난 어느 날, 호텔에서 집으로 전화가 왔었단다.

합격 여부는 말하지 않고 내일 아침 원서 접수했던 곳(호텔 뒤 주차장 광장)으로 간편한 복장을 하고 오라고만 했단다.

그래서 아침에 갔더니 나와 비슷한 표정으로 수십 명의 젊은이가 기웃거리고 있었다.

마침내, 인사과 직원이 오고, 관광버스 두 대에 나누어 태우더니 어디론가 데려가는 것이었다.

그 당시 경기도 인근 ○○화장품회사 연수원으로 데리고 가더니, 숙소에서 운동복으로 갈아입고 나오란다.

그렇게 강당에 집합시키더니 인사과 직원이 앞에 나와서 이렇게 말했다.

"롯데호텔 공채 5기로 합격하신 여러분들을 환영합니다. 지금부터 3박 4일간 신입사원 교육이 시작되겠습니다."

우린 '와' 하는 함성과 함께 기쁨의 박수를 쳤다.

2) 첫 출근

신입사원 교육이 끝나자 호텔 앞에 내려주면서 교육담당 직원이 말한다. 4일간의 교육이 끝나고, 이제부터 6개월의 연수가 시작되는데, 3개월은 오전 4시간 이론교육, 오후 4시간 현장실무교육. 나머지 3개월은 현장업무연수로 이어지며, 연수성적에 의해 정직 발령이 6개월 후에 나게 될 것이라고 했다.

"이제 배정받은 각 업장에 가서 인사드리고 가십시오."

그래서 일식당 주방으로 갔다.

일식 주방에서 부주방장님이 맞이해 주셨다.

"자네는 내일 아사방으로 나와라."

"네? 아 사 방이요?"

"아침 조를 말하는데, 6시 반 출근이지만, 6시에 나와서 가스 밸브 열고, 냉장고 자물통 열고 있으면 돼."

"네, 알겠습니다."

'얘기로 듣던 것과는 좀 다르네!'라고 생각하면서 집으로 돌아갔고, 다음 날 일찍 출근했다. 시킨 대로 냉장고 열쇠를 따고, 가스 밸브 열고, 사인하고 나서 무엇을 해야 할지 몰라 두리번거리고 있으니 선배직원들이 서너 명 올라오기 시작했다.

그중 한 명이 나에게 얘기한다.

"어이, 실습생! 거기 장국부터 뽑아!"

"네? 장국이요?"

"그것도 할 줄 몰라?"

"에이 씨, 이리 와 봐. 이렇게 하는 거야!" 하면서 한번 보여준다.

아사방이란 아침 조식 당번을 얘기하는 거였고, 아침은 "조정식(朝定食)"이라 하여 식판에 여러 가지 반찬과 밥, 된장국 등으로 세팅되어 나가게 되어 있다.

이를 위하여 된장국도 끓이고, 생선도 굽고, 조림요리도 하고, 무침요리도 하여, 각각 조금씩 전용 그릇에 담아 식판 위에 세팅하여 내는 것이다.

매일 200인분 이상씩 나가고 있었다.

부지런히 이리저리 뛰어다니며 시키는 대로 하다 보니, 이론교육 집합시간이 다 되었다.

"저, 연수교육받을 시간이 되어서 교육장에 가야 하는데요."

조장으로 보이는 선배 사원에게 말하였다.

고개를 홱 돌려 쳐다보더니, "야, 거기 꼭 가야 하는 거야?"

헉, 난 어이가 없었지만, 애써 웃어가며 기어가는 목소리로 대답했다.

"네~"

"그럼 가봐."

마치 인심 쓰듯이 말을 내뱉으며 보내준다. '제기랄'(속으로….)

주방장들이 교육 강사로 들어와서 하루 한 명씩 강의해 준다. 그런데 뭔가 강의하는 것이 아니라 자기 자랑만 하다가 가는 느낌이다.

그렇게 오전 교육이 끝나고 나니 "이제 식사하고 업장에 가서 오후 연수 4시간 받고 퇴근하세요."

인사교육과 직원의 말이 이제 신뢰가 가지 않았다.

그런데 왠지 식사하고 가면 안 될 것 같은 불안한 기운이 엄습하는 것이… 그래서 점심도 거른 채(사실, 아침도 못 먹었다), 바로 업장으로 발길을 향했다.

점심 영업시간 중이라 업장은 난리가 나 있었다.

"야, 이제 오면 어떡해! 샐러드 다 떨어졌으니 빨리 좀 담아!"

첫 출근 하던 날.

난 아무것도 모른 채.

밥도 굶은 채.

그런 상황을 맞이하였다.

암튼 그릇 닦는 데 가서 샐러드 그릇을 가져다가 쟁반에 펼쳐 놓고 있었다.

그러자 샐러드 담으라고 시켰던 그 선배가 내 뒤통수를 후려치면서 말한다.

"야, 그릇이 이렇게 뜨거운데 샐러드를 담으면 어떻게 해? 찬물로 식혀야지!"

"18!"

"지가 언제 가르쳐줬나?!" 생각하면서도 "네, 네" 하면서 분주하게 시키는 대로 샐러드를 담아냈다.

잠시 후 내가 속한 파트의 선임자가 와서 얘기한다.

"나 밥 먹고 올 테니까, 주변 정리하고, 재료를 봐서 모자란 재료 채워 놓고, 내일 사용할 샐러드 재료 준비하고 있어!" 시켜 놓은 일 나름 열심히 주변 눈치를 살피며 하고 있는데 선임자가 식사하고 오더니 한마디 한다.

"야, 이거밖에 못 했냐?" 하고 핀잔을 준다. 그렇게 우왕좌왕하던 잠시 후, 부주방장이 오더니 물건을 타오란다.

각 파트에서 필요한 물품을 구매부 창고에 가서 타오는 것이라고 한다.

큰 카트를 가지고 찾아가서 엄청 많은 양의 물품과 식재료를 가지고

온다. 창고와 냉장고에 정리하고 있으니, 파트 선임자가 와서 또 한마디 한다.

"야, 너는 냉장고 직원이냐? 뭘 하루 종일 하고 있어? 날 새겠다. 얼른 하고 와!" 나름 순식간에 정리하고 파트에 가서 내일 사용할 재료들을 손질하고 있을 때, 아까 아침에 같이 일했던 소위 '아사방'들이 퇴근한다고 인사하면서 주방을 나선다.

근데 나만 빼놓고 자기들만 간다.

그러다 5시쯤 되니까 파트 선임자가, 나보고 저녁식사하고 오란다.

난 그때야 내가 하루 종일 굶은 것을 알았다.

주방을 나서려는 그때, 부주방장이 또 부른다.

"어이, 실습생. 이 파티 음식을 연회장에 올려주고 와!"

뱅킷(Banguet)이라 불리는 연회장에서 각종 연회가 있는데, 일식은 일식 주방에서 올려주는 모양이었다.

오더 용지를 들고, 카트에 생선초밥, 김초밥, 소바 등을 잔뜩 싣고, 2층, 3층, 36층 연회장을 물어물어 한 바퀴 돌아 음식을 세팅해 주고 주방에 돌아왔다.

나를 보자마자 파트장이 소리 지른다.

"야, 무슨 저녁을 이리 오랫동안 먹고 오냐?"

"나도 식사하고 올 테니, 저녁때 쓸 과일 씻어서 준비해놔!"

"18×18 = 쌍18"

속에서 부글부글 끓었으나 삭히며 말한다.

"아니, 그게 아니고요."

내 말을 들을 생각도 안 하고(사실, 파트장도 다 알고 있었음), 휙 주방을 나가 버린다.

그렇게 저녁 영업이 시작되고, 저녁 9시가 다 되어갈 무렵, 파트장이 말한다.

"어이, 실습생. 너 오늘 아사방(아침조)한 거 아니야? 왜 여태 안 갔어? 얼른 퇴근해!"

지가 계속 뺑뺑이 돌리더니 한다는 소리 하고는… ㅠㅠ

그런데 사실 주방은 10시에 마감이고, 9시면 마감 청소를 시작한다 (좀 전에 앞 기수 선배가 귀띔해 주었었다). 마감 청소를 시작하는데 차마 갈 수가 없었다. 청소를 하고 10시에 가스까지 잠그고 사인을 하면서 보니 오픈도 오혁수, 클로즈도 오혁수로 사인이 되어 있었다.

새벽에 별 보고 출근해서, 하루 세 끼 모두 굶고, 밤별 보며 퇴근하던 잔인한 1988년도의 겨울을, 지금도 잊을 수가 없다.

물론 차츰 요령이 생겨서 굶지는 않았는데, 이리저리 뺑뺑이 도는 생활은 6개월 내내 계속되었고, 그 이후 정직이 되어서도 변함이 없었다.

당시 집은 묵동에 있었고, 45번 버스를 타고 청계천 2가에서 내려 10분 정도 걸어 다녔다.

출근시간에는 버스에 자리가 많아 앉아서 올 수 있는데, 퇴근시간에는 서서 가게 된다. 한 손으로 머리 위에 있는 손잡이를 잡고 가다 보면 나도 몰래 졸음이 쏟아진다. 졸음에서 잠으로 빠져드는 순간, 한쪽 다리의 무릎이 확 꺾이는 것을 느낀다.

엉겁결에 손잡이를 잡은 손에 힘이 들어가 넘어지지는 않았지만, 주변 눈치를 보며 가까스로 비틀거리던 몸을 바로 세운다. 온몸은 식은 땀이 흐르는데, 힘들어서가 아니고, 누군가 봤을까 봐 쪽팔려서 그런 것이다.

이것이 출근 첫날 나의 비하인드 스토리이다.

2. 나의 호텔생활 이야기

처음에는 튀김파트에서 시작했다.

하루에 150~300마리의 새우를 맨손으로 까서 손질해 놓고, 생선과 채소들을 다듬어 썰어 준비해 놓는다. 손이 찔리고 까이고 하는 것은 늘 있는 일이었다. 날마다 기름을 갈면서 용기를 깨끗하게 닦고 물기를 제거해 놓아야 한다. 전기 튀김기라서 누전에 주의해야 했다. 팔뚝에는 기름이 튀어 항상 화상 자국이 남아 있었고, 손톱 사이에는 튀김반죽 찌꺼기가 굳어가고 있었다.

이후 대학물 먹었다는 이유 하나만으로 서무로 지명되어, 주방 내 사무업무를 보면서 이 파트 저 파트 옮겨 다니며 주방업무들을 배워나갔다.

서무를 보면서 그날그날 바쁜 파트에 가서 일을 도와주다 보니, 고정적으로 한 파트에 있는 사람들보다 전체적인 업무파악이 더 빨리 되었고, 내가 도와주면 자기 파트의 일을 신속히 진행할 수 있으니까, 내가 가면 선배 사원들이 더 친절하게 잘 가르쳐주었다.

서무란 40여 명 되는 주방 인원들의 일일스케줄, 연장근무신청(하루 20여 명), 휴가 및 경조사처리, 식재료 발주, 주방기구 수리 및 구입신청 등 시시콜콜한 사무적인 업무를 정리하여 조리부 사무실에 제출하는 것을 말한다. 작은 주방에서는 주방장의 일이지만, 규모가 큰 주방에서는 주방장이 감당하기 어려워 내부적으로 조리사를 활용하기도 한다.

생선 다루는 법, 써는 법, 초밥, 도시락, 냄비요리 등을 전전하다가, 일본어를 조금 안다는 이유로 철판구이 담당이 되기도 하였다.

지나서 생각해 보면 서무를 보았기 때문에 일을 빨리 배울 수 있게 된 것 같아 그 당시 주방장님께 늘 감사한 마음이다. 덕분에 일만 늘어나는 것이 아니라, 같은 날 쉬게 해주셔서 교회 다니는 데에도 지장이 없었고, 이후 대학원에 진학할 때에도 "스케줄 네가 짜는 것이니 네가 알아서 잘 다녀!"라고 하시며 주방장님께서 흔쾌히 허락해 주셨다. 하지만 사무적인 업무와 조리업무를 동시에 하는 것은 그리 만만치가 않았다. 주방 직원들의 사소한 휴가처리부터 날마다 연장근무 하는 사람을 배정해서 그 시간만큼 수당을 올려줘야 하고 하나라도 누락시키면 상당히 곤란한 일이 발생하기 때문에 늘 긴장의 연속이었다. 손에 물을 묻히고 일하다, 펜을 잡는 일이 쉽지만은 않았지만, 나름 보람있고 효율적인 주방생활을 해 나갈 수 있었다. 그럼에도 불구하고 항상 몸은 피곤하였고, 정신적으로는 상당한 피로감에 싸여 있었다.

철판구이 손님이 찍어주셨던 폴라로이드 한 컷

1) 일본어 강좌

눈코 뜰 새 없이 지나가는 하루하루의 시간이 무의미하게 느껴지고, 출근시간이 마치 도살장에 끌려가는 듯한 느낌으로 답답한 일상이 계속되던 어느 날… 직원식당 앞 게시판에 이런 내용의 공고문이 보였다.

> **사내 어학강좌 개설**
>
> - 롯데호텔 직원들의 어학실력 향상을 위한 어학강좌 개설
> - 영어 및 일본어 기초과정 10주간씩 단계별 4회 실시(1년간)
> - 신청자는 반드시 1년 4차에 걸친 교육에 참석해야 하며, 결시할 경우 담당 부서 책임자에게 책임을 묻겠음
> - 최종 성적우수자에게는 인센티브 해외연수 기회 부여
> - 교육시간 : 월요일부터 금요일까지 매일 아침 8시

정확하지는 않지만 대충 이런 내용이었다. 뭔가를 하지 않으면 폭발할 것 같던 상황에서 돌파구가 보이는 듯하여 교육신청서를 냈다.

첫 시간에 모였는데 30여 명이 넘어 보였다. 반 이상이 면세점 직원들이었다. 조리부 직원은 두세 명 정도… 그런데 면세점 직원들은 이미 외국어를 잘하는 사람들이었다. 그래서 기초과정은 그들에게 너무 낮은 수준인데도 신청한 것은, 아마도 최종 성적우수자에게 돌아오는 포상으로 받는 해외연수가 탐이 나서였을 것이다. 인간의 탐욕이란…

좀 화가 났지만 개의치 않았다.

이윽고 강좌가 시작되었다.

전날 10시까지 근무하고 나서 아침 8시까지 교육받으러 오는 것은 그리 만만치 않은 게임이었다. 때로는 새벽 근무를 하면서도 달려와서 들었고, 어느 날인가는 눈을 뜨니 7시 30분이었는데, 하루 재끼고 싶은 마음이 굴뚝 같았지만, 하루 이틀 빼먹다 보면 교육을 포기하게 될 것 같아, 메기에게 먹히지 않기 위한 청어의 발버둥처럼 달려갔다. 부랴부랴 달려왔는데 강의가 절반 정도 지난 시간이었지만, 하루라도 빼먹으면 안 된다는 생각에 열심히, 아주 열심히 강좌를 수강했다. 나를 더 힘들게 하는 것은 매주 하는 테스트였다. 일주일 동안 배운 것을 시험을 보고 그 결과를 합산하여 종합평가를 한다는 것이다. 퇴근해서 집에 돌아오면 우리 첫째 아들과 놀아주어야 집사람이 애 보느라 밀린 빨래도 하고 청소도 할 수 있는데… 시험공부는 해야 하고…

밥상을 펴고 앉아서 공부하면서, 밥상 밑에서 발로 아들을 토닥이며 달래준다. 아가야, 아빠다… 그때 발로 아이를 두들기며 놀아주고 재운 것이 두고두고 좀 미안한 생각이 들었지만 어쩔 수가 없었다.

그렇게 10주가 지나고, 20주가 지나고 나니, 수강생 절반이 떨어져 나갔다. 교육받으면서, 매주 시험 보면서 근무하기가 힘들었던 것이다. 40주가 지났을 때 10여 명 정도 남았던 것 같았다.

거기에서 최고 점수로 수료를 하였고, 롯데호텔 최초 인센티브 해외연수로 일본 동경과 오사카에 다녀올 수 있었다. 일반 해외연수는 날마다 일지를 쓰고, 사진을 첨부해서 연수보고서를 제출하며, 돌아와서는 전달 교육도 해야 하고, 또한 연수 후 일정기간 이내에 퇴사할 경우 연수경비를 모두 반환하겠다는 각서도 쓴다고 한다.

그러나 인센티브 연수는 아무런 조건 없이 기분 좋게 다녀와서 당장 그만둘 수도 있는 특혜연수였던 것이다. 일반 연수는 10년 이상 근무해도 기회를 잡기 어려운데, 근무한 지 4년밖에 안 된 조리부직원이 연수를 간다는 것은 당시로서는 무척 놀라운 일이었다.

　　암튼, 슬럼프에 빠진 나를 건져준 것과 다름없는 일본어 강좌로 인해 해외연수도 가고 진급도 했지만, 무엇보다도 메기에게 먹히지 않고 살아남았다는 사실이 가장 기뻤다.

2) 인센티브 해외연수

생전 처음 외국 여행을 해본다.

생전 처음 일본을 가보았다.

횡단보도를 건너는데, 어떤 일본 여인네 둘이서 내게 길을 묻는다.

"데이고쿠 호테루와 도코데스카?(제국호텔이 어디에 있나요?)"

마침 내가 머무는 호텔이었다.

"아, 맛스구 잇테 히다리니 아리마스!(아, 곧바로 가서 왼편에 있어요)"

얼결에 대답하고 보니 신기했다. 내가 물어봐야 정상인데 나한테 길을 다 묻다니… 일식으로 내 전공을 선택한 것 때문일까? 그들에게 내가 일본사람처럼 보였던 모양이다.

동경과 오사카 거리를 보니 너무도 깔끔하고 깨끗했다.

교통신호를 무시하는 사람이 하나도 없었다.(물론 지금은 조금 지저분한 곳도 생기고, 교통신호를 무시하는 운전자도 있다.)

모든 것이 완벽해 보였다.

음식도, 사람도, 건물도, 호텔 시스템도…

호텔 로비에서 직원에게 지도가 있냐고 물어보았다.

우리 같으면 지도가 있는 곳을 알려주고 말 텐데, 내가 묻자마자 달려가더니 지도를 들고 뛰어오면서, "오마타세시테 스미마셍(기다리게 해서 죄송합니다)."이란다. 기가 막혀서…

길거리 가다가 내 실수로 사람들과 부딪쳐도 그들이 먼저 인사한다.

"스미마셍."

아, 이들을 어떻게 이길 수 있을까?

며칠간 고민하다가 답을 얻었다.

우리가 일본을 이기는 길은 하나밖에 없다고 결론지었다.

일본이 지진이나 해일로 물에 잠겨버리면 이길 수 있지.

1등이 없어지면 2등이 1등 되는 거니까… 그런 우스운 생각을 하면서 동경에서 오사카로 신칸센을 타고 이동하였다.

동경은 밝은 데 비해 오사카는 좀 어둡지만 나름 활기차 보였다.

일정을 모두 마치고 김포공항에 내려보니 어둠의 나라 같았다.

즉 동경은 아주 밝고, 오사카는 적당히 밝았는데, 거기보다 90년대 초 우리의 서울은 좀 어두운 느낌을 받았었다.

'일본에 지지 않고 살아남기 위해 할 일이 아주 많겠구나.'라는 무거운 생각을 하면서 연수를 마쳤다.

3) 일본어 발표대회

일본어로 자기의 회사생활에서 느낀 것을 발표하는 대회가 열린다고 해서 지원했다.

거기에서 내가 "청어와 메기" 이야기를 통해 충격을 받은 이야기, 그래서 일본어 강좌를 신청해서 공부한 이야기, 그 결과 살아남았던 기쁨과 미래의 계획을 원고로 만들어 날마다 외우면서 다녔다.

보통 외국어 발표대회에서는 면세점, 판촉부, 식음료부 사원들이 평소에 외국어를 많이 사용하기 때문에 많이 참가하고, 조리부는 그저 명함도 내밀지 못하는 실력으로 자리만 채우는 상황이었다.

그런데 그렇게는 하기 싫었다.

그래서 평소에 알고 지내던 재일교포를 찾아갔다.

그리고 내 원고를 보여주면서 한번 읽어달라고 했다.

그리고 나도 그 발음과 억양을 따라서 연습을 했다.

한두 번 연습으로는 안 될 것 같아서 아예 녹음해서 듣고 다녔다. 그렇게 원고의 문장을 모두 외워버렸다. 그 사람 억양까지.

이윽고 대회가 열렸다.

모두가 유창하게 하는데, 바라만 봐도 식은땀이 났다.

원래 잘하던 사람들이라 상당히 여유가 있어 보였다.

드디어 내 차례가 되어 나갔다.

"곤니치와 미나상!

와타시와 조리부 모모야마데 쓰토메테 이루 오혁수 토 모시마스 미나상. 니싱토 나마즈노 오하나시오 싯테 이랏샤이마스카?"

"안녕하세요? 저는 모모야마 주방의 오혁수라고 합니다.

여러분은 청어와 메기 이야기를 알고 계십니까?"

이렇게 시작은 했는데 어떻게 끝내고 내려왔는지 모르겠다.

발표를 모두 마친 후에, 심사평을 하는 일본인 부사장이 "청어와 메기" 이야기가 가장 감명 깊었다고 했다.

그 순간 여직원들의 야유가 쏟아졌다.

내가 입상할까 봐.

조리부가 입상하면, 식음료부나 면세점 직원들은 자존심이 상하기 때문이라는 것을 알았기에 순간, 나는 속으로 웃었다.

앗싸!

그리고 몇 주가 지난 후, 홀에서 지배인이 얼굴이 벌겋게 상기되어 들어오더니 나를 찾았다.

지배인이라면 업장의 점장이나 마찬가지의 직책이다.

일본 손님들이 화가 났는데, 무슨 이유인지 모르겠으니, 나가서 컴플레인(complaint)을 좀 막아달라는 것이었다.

홀의 지배인이 영어는 잘하는데 일본어는 좀 약했나 보다.

그리고 지배인 관점에서 외국인 고객의 컴플레인은 진급에 상당히 악영향을 미치기 때문에 가볍게 넘길 수 없는 문제였던 것이었다.

모자를 고쳐 쓰고 생글생글 웃으며 나가 보았다.

"아노, 스미마셍. 난까 몬다이가 아리마스카?(죄송합니다. 무슨 문제라도…)"

얘기를 들어보니 대구지리가 냉동이 아닌 생물로 해달라고 했는데 냉동 같다는 것이었다. 상태를 보니 냉동은 아닌데, 선입선출로 하다 보니 오늘 들어온 것이 아닌, 이틀 전 재고로 만든 것으로 보였다.

바로, 죄송하다고 사과드리며, 착오가 있었노라고 상황을 설명해 드리고 나서, 다시 만들어드리겠다고 했다.

오늘 들어온 것으로 다시 조리하여 직접 서비스해 드리면서, 사과의 의미로 서비스 음식을 추가로 제공해 드렸다.

그 당시 조리사들이 고객들에게 나오는 일은 거의 없었는데, 내가 직접 조리복을 입고 나와서, 불만을 해소해 주면서 서빙을 해주니, 좋았나보다. 다행히도 일본인 고객이 화를 풀고 웃으면서 식사를 마치게 되었다.

홀의 지배인은 과장급이고, 나는 말단 사원이다. 그가 나에게 반말을 하는 것이 지극히 상식적이고 당연한 일이다. 그런데 그 일이 있은 이후 지배인이 나에게 반말을 하지 못한다.

내 옆에 와서는 "저, 저기요, 이것 좀 (부탁해요…)"이라고 한다.

그때 깨달았다. 실력이 인격이라는 것을…

4) 에피소드 모음

(1) 에피소드 1 : 메밀국수와 외국인 손님

철판구이에서 근무할 때의 일이다. 철판구이 코스요리를 먹은 후에 식사로는 보통 면(우동, 소바)이나 밥 종류가 제공된다.

한 외국 손님에게 식사를 주문받았다.

> 나   : Would you like some Rice or Noodles?
> 손님   : Oh! Noodles.
> 나   : What kind of Noodles Sir, Woodong or Buckwheat(소바)?
> 손님   : Buckwheat?

손님이 Buckwheat? 하면서 묻는다.

그거(메밀), 인간이 먹을 수 있는 거냐고?

자기네 나라에서는 사료로만 사용한단다.

그래서 설명했다. 일본, 중국, 한국에서는 사람이 먹는다고…

그랬더니, 그거 한번 먹어보겠다고 한다.

그래서 주문해 드렸다.

음식을 받아 놓고는 한참 쳐다본다.

그러더니 소바다시를 들고 벌컥벌컥 마신다.

헉, 수프라고 생각했나 보다.

그리고는 고개를 갸우뚱거리며 말한다.

Not Bad!

그리고는 메밀국수를 포크로 말아먹기 시작한다.

싱거울 텐데 잘도 입으로 쑤셔 넣으며 꾸역꾸역 먹는다.

주요리라고 생각한 듯하다.

그리고는…

양념을 바라본다.

순간 불길한 예감에 다가가려는 순간에,

맙소사!

고추냉이를 떠서 흥미 있게 바라보더니 바로 입에 넣는 것이 아닌가?

헐!

재빨리 찬물을 컵에 받아 달려갔다.

무지 매울 텐데,

얼굴이 벌게진 상태로

Thank you!

하면서 물을 받아 마신다.

너무 미안한데, 아무 말도 못했다.

타국에 와서 처음 보는 음식인데, 나는 당연히 먹는 방법을 알았을 것이라 착각했다.

담에 그 사람 만날 기회 있으면, 야키소바라도 대접해 줘야겠다고 생각했다.

미안하니까…

(2) 에피소드 2 : 고기덮밥

요즘은 잘 모르겠으나, 전에는 군대에서 사용하는 쌀은 저장해 두었던 것을 사용했다고 한다. 그래서인지는 몰라도 여름에 밥을 물에 말아 보면 잘 익은(?) 쌀벌레가 둥둥 떠다니곤 했다.

우린 그것을 고기덮밥이라고 하면서 훌훌 마시기도 하였다.

호텔에 입사하여 적응하기 전까지, 저녁시간에 파티음식을 올려주느라 식사를 거를 때가 다반사였다. 과부 사정은 홀애비가 잘 안다고 했던가? 어느 날인가도 어김없이 저녁을 거르고 주방에 들어오는데, 1년 선배가 소고기덮밥을 하나 만들어 놓았다고 냉장고에 들어가서 몰래 먹고 나오란다.

워크인 냉장고는 안에 들어가 구석에 쪼그리고 앉으면 잘 안 보인다.

황송하기도 하고, 이래도 되는 건가 싶어서 살짝 머뭇거리고 있으니, 다른 사람들 오기 전에 빨리 들어가서 먹고 나오란다. 주방식사가 금지된 호텔에서 선배의 배려는 매우 이례적으로 큰 것이었다.

상황파악이 되어 바로 냉장고로 들어간다.

구석에 쪼그려 앉는다.

고기덮밥 뚜껑을 열고 입에 퍼 넣는다.

맛은 잘 모르겠다.

정말,

정말로,

살기 위해 먹는다는 생각뿐…

참 아이러니하였다.

호텔에서 고급음식을 만드는 조리사가, 바빠서 밥 먹을 시간을 놓쳐서, 냉장고 안에서 쪼그리고 앉아 숨어서 밥을 먹어야 한다니…

이것마저도 못 먹으면, 굶어야 한다니…

하지만 그것이 현실이었음에.

그러다가 나도 중간쯤 포지션으로 올라갔을 때쯤, 또 다른 막내가 식사시간을 놓치고 피곤한 모습으로 주방에 들어오고 있었다.

그를 불러 덮밥그릇을 쥐어주며 말했다.

"얼른 들어가서 먹고 나와, 장어덮밥이야."

그 녀석 얼굴이 환해지며, 낚아채 가면서 하는 말.

"캄샤합니댜!~"

누군가 그랬다지.

눈물 젖은 빵을 먹어보지 않고는 인생을 논하지 말라고?

나는 이렇게 말하고 싶다.

냉장고 안에서 식은 밥 먹어보지 않은 자는.

않은 자는.…

뭐라고 해야지?

잘 모르겠다.

하여튼, 해골 속의 물을 마셨을 때의 깨달음에 버금가는 인생의 경험이었다. 냉장고에서의 고기덮밥이.

(3) 에피소드 3 : 나의 단골손님이었던 "간다"상

내가 호텔조리사로 근무하던 시절, 철판구이 코너에서 일했을 때의 일이다. 당시에는 거의 모든 특급호텔에서 철판구이, 일명 '뎃판야키(鉄板焼)'라고 불리던 코너가 유행이었다. 마늘을 버터에 볶아 생선회와 함께 애피타이저로 주고, 가리비, 새우, 연어, 은대구 등을 사이드디시로 구워주며, 메인요리로는 스테이크나 바닷가재, 전복버터구이 등이 인기가 많았다. 그런 것들을 사이사이 채소와 버섯 등의 요리를 곁들여 제공해 주었던 요리였다. 그것은 단지 요리만을 해주는 것이 아니라 칼로 쇼를 보여주며 조리를 하는 일반 업장도 많았지만, 특급호텔에서는 고객과 대화를 하며 숙련된 솜씨로 조리를 하여 즉석에서 제공해 주는 방식이었다.

1990년대 중반쯤으로 기억이 되는데, 어느 날 일본인 신사 부부(처는 한국인)를 맞이하게 되었다. 자신의 와이셔츠에 본인 이름의 머리글자를 넣었고, 보통체격의 늘씬한 젠틀맨으로 느껴지는 분위기로 자기를 "간다상"이라고 소개하였다. 그런데 그분이 올 때면, 다른 조리사나 조리장님을 거부하고, 항상 나를 찾으시는 것이었다. 그것이 사실 다른 직원들에게 미안하고, 무안한 일이었다. 다른 손님들을 이미 맡아서 해줄 때면 나를 기다리기도 하고, 너무 지체되면 조리장님께서 해주시기도 하셨는데, 그럴 때면 상당히 서운한 표정으로 돌아가시곤 하였다. 그래서 그분이 오시면 되도록 예약을 받아 미리 나를 담당으로 배정하여 요리하도록 당부하였다. 그분은 메뉴판을 보지도 않고, 무조건 나더러 알아서 메뉴를 정하고 가격은 마음대로 받으라고 하였다.(그래서 항상 제일 비싼 코스가격을 받았다.) 그리고는 자신이 늘 마시는 와인도 내 앞으로 주문하여, 같이 마시면서 조리하기를 원했지만, 근무 중이라 어렵다고 하니, 그러면 일 끝나고 마시라고 꼭 챙겨주었다. 그분이 즐기시던 것은 "마테우스 로제"였다. 그러면서 내가 권하고 조리해 주는 것이면 뭐든 맛있고 맘에 든다고 하시면서, 항상 즐겁게 식사를 하고 가셨다. 언제나 밝은 표정으로 이야기하기를 좋아하셨고, 내가 조리해서 드리는 음식은 맛나게 드시면서 좋아하셨다. 이후 호텔을 그만 두고 학교로 옮기면서부터 연락이 끊기고, 그 후론 호텔도 한두 번 더 오시다가 발을 끊으셨다고 한다.

나의 요리를 만족해 하시며 드시던 그분은 요리도 요리지만, 사실은 조리사와의 교감과 믿음에서 기인한 것이라고 생각한다. 그분 눈에는 내가 마음에 들어 신뢰하였던 것이고, 좋은 것을 최선을 다해서 조리해 줄 것을 알았기에, 나 또한 성심껏 재료를 준비해서 서비스해 드렸던 간다상.

그때 깨달았다.

조리사와 고객 간에는, 신뢰가 바탕이 되어야 한다는 것을…

이제 혹시라도 그분을 다시 만날 수 있다면, 그분과 같이 철판구이를 즐기며 옛이야기를 나누어보고 싶은 생각이 드는 것은, 나도 늙어가고 있음에서 기인한 것이리라.

(4) 에피소드 4 : 시식

나는 선천적으로 체질에 맞지 않아 술과 담배를 하지 않는다. 그래서 용돈을 조금씩 모아 호텔에 몰래 시식을 다녔다. 내가 하는 음식을 다른 이들은 어떻게 하고 있을까? 다른 호텔은 어떤 맛일까? 몹시도 궁금하였기 때문이다.

새벽에 출근하여 모처럼 일찍 퇴근하는 날이면 시식을 다녔다. 거기에서 직원들이 고객을 대하는 태도, 메뉴의 구성 및 상태, 서비스 및 고객을 대하는 자세, 음식의 맛, 가격 등… 구체적으로 적어놓은 것을 분실했지만, 당시 시식의 느낌이 때로는 나에게 충격으로 다가왔고, 좋은 교본이 되었다. 그래서 한때는 학생들에게 이런 과제를 내준 적도 있었다.

한 학기 동안 자기가 경험한 외식(학식-학교식당, 배달음식 포함)한 모든 메뉴에 대하여 외식 노트를 작성하라고 말이다. 거기에 내용은 외식일자, 장소, 메뉴, 식당의 분위기, 서비스를 보며 느낀 것, 음식의 맛, 계산하며 생각나는 것, 다시 오고 싶은 곳? 또는 다시 오기 싫은(말리고 싶은) 곳 등을 표시하도록 하였다.

누구라도 이렇게 10년만 모아 놓으면 그 무엇보다 훌륭한 외식 창업 지침서가 될 수 있을 것이기 때문이다.

나만 열심히 뛰는 것보다는, 남들은 어떻게 하고 있는지 알아보고 나면, 자신을 되돌아보고 정비할 수 있는 계기가 될 수도 있어서, 시식의 기회는 자주 갖도록 하는 것이 좋다.

처음에는 혼자 다니다가, 나중에는 집사람과 외식하는 것으로 하여, 할 수 있는 범위 안에서 열심히 다녔던 기억이 난다. 아직 젊었을 시절에 어쩜 그리 기특한 생각을 했었는지, 지금 생각해 봐도 신기하다.

(5) 에피소드 5 : 갈등

출근하는 내 모습을 거울의 도움을 받아 들여다본다.

타임키퍼를 찍으며 출근하는 나의 꼬락서니가 마치 도살장에 끌려 들어가는 소와 흡사하다는 생각이 들었다. 이를 악물고 근무가 끝난 후 타임키퍼실을 나오면서 긴 숨을 내쉰다. 지하 주방의 공기가 얼마나 오염되었으면, 시청 앞 버스 매연 섞인 공기가 어쩌면 이리도 신선하게 느껴질 수 있는지…

그렇게 주방이 싫었던 이유 몇 가지를 떠올려본다.

주먹구구식으로 일을 가르치고 하게 한다

일단 조리용어를 제대로 알고 이해하는 사람이 없었다. 허긴 주방장이 중졸인 듯하고, 부주방장은 국졸이라 알파벳도 모르니… (그분들을 무시하는 게 아니고, 당시의 현실이 그랬다는 것이다.)

나머지 일부 전문대졸도 있었지만, 대부분 비전공자들이었고, 조리를 체계적으로 가르치는 곳이 별로 없어서인지는 몰라도, 직원들 모두가 용어를 알고 설명할 수 있는 사람이 없었다. 몇 년 지나면서 개인적으로 공부한 사람들이 몇 자 읊어대긴 했어도, 질문할 대상이 없다는 것이 제일 답답했다. 혹시라도 용기를 내어 어렵게 질문을 해봐도, 그 내용을 확실하게 잘 모르니 틀린 대답이나, 엉뚱한 큰 소리만 돌아오곤 했다. 그래서 나라도 해보자라는 생각에, 틈만 나면 서점에서 식품, 요리에 관한 책들을 탐독하기 시작했다.

인사 적체

잠실에 호텔을 하나 더 오픈하면서 본점과 잠실로 직원들을 나누고 보니, 양쪽 다 직원부족현상이 심각하여, 1988년도를 전후하여 갑자기

2~3년 사이에 수백 명의 사원을 채용했는데, 나는 거의 끝부분에 들어 갔으므로 대부분이 나의 선배들이었다. 게다가 선배들이나 동기들 모두 나보다 두세 살씩 나이가 어린 경우가 많았다. 그 당시 조리보조 (cook ass't)에서 조리사(cook)로 진급연한은 1년인데, 실제로는 3~5년 정도 걸렸고, 진급연한 3년인 주임까지는 10년 이상해야만 가능하였다. 언제 진급하고 출세하나 생각하니 끝이 보이지 않고 막막하였다.

업무과다

날마다 3시간 오버타임은 기본이고, 월 2회 이상은 새벽 5시에 출근 해서 밤 10시까지 근무를 하는데, 출근 후 5분이면 온몸이 땀에 젖은 채로, 근무시간 내내 찜찜한 상태에서 바쁘게 많은 양의 업무를 감당해 야 했다. 당시 단체 외국 손님들이 많아서 조식부터 밤까지 영업장이 분주하게 운영되었기 때문이다.

비전 부재

앞의 이유가 복합적으로 작용하여 비전을 갖기가 어려웠다. 늘 습관 적으로 출근하고 퇴근하며, 가끔 하는 회식이나 노래방에서 스트레스 를 풀긴하는데, 오히려 다음날 피로가 가중되어 더 피로가 쌓인 채로 업무를 하게 되었으니, 비전을 꿈꿀 여유가 전혀 없었다.

주변 환경에 의한 박탈감

당시 호텔의 요리장들이 거액의 계약금을 받고 강남이나 일반 레스 토랑으로의 스카우트가 유행했었다. 또한 외국에서 사업하여 성공한 사람들 이야기도 많았다. 그러한 이야기를 들으면서 느끼는 상대적 박 탈감이 현실적으로 다가오는 것이 마음을 힘들게 하였다.

이런저런 이유로 조리사로서의 근무가 힘들다고 느껴져서 나름대로 대책을 세워보았다.

첫째, 내 장사를 해볼까?

둘째, 친척들이 있는 캐나다로 나가 해외취업이나 해볼까?

셋째, 대학원에 진학하여 공부를 좀 해볼까?

그렇게 세 가지 일을 동시에 추진했었다.

그런데 장사를 위해 상가를 눈여겨보며 다녀보았는데 많은 자본이 필요했고, 해외 취업을 위해 각가지 정보를 수집해 보았으나 당장 일손이 필요한 곳이 없었으며, 대학원 진학을 위한 시험을 보았으나 두 번이나 떨어졌다.

대학원 면접에 가서는 교수들에게 한결같이 똑같은 소리를 들었다. "요리사가 요리나 할 것이지 무슨 공부를 하겠다고 대학원에 오느냐고…"

그러던 어느 날, 대학원에서 전화가 왔다.

합격되었으니, 당장 등록하라고!!

은행으로 달려가 몇 군데 사인을 하니 등록금이 마련되었다.

그때부터 금융계의 발전에 기여하기 시작한 것이 지금까지 이어져 오고 있으니…

"세 가지 갈림길에서 대학원으로 길이 트였으니, 이것이 하늘의 뜻이라면, 공부나 열심히 해서 교수라도 되어야겠다"고 결심했다.

사실, 호텔맨이셨던 외삼촌의 조언으로 그런 가능성까지 염두에 두고 조리사가 된 것이었다.

5) 대학원 생활

(1) 고행의 시작

대학원은 회사에서 가장 가까운 곳에서 시작했다. 동국대학교 산업기술대학원 산업과학과 식품공학 전공. 그런데 나와 같은 동기들은 모두 학부 때 식품공학을 전공했고, 나만 인문사회대학을 나왔었다.

당연히 강의 따라가기 바빴고, 특히 원서 독해는 단어를 일일이 찾아가면서 하느라 시간이 오래 걸렸다.

첫 학기 리포트를 내는데, 나만 수기로 하였고, 다른 모든 학생은 컴퓨터를 이용한 워드로 작성하여 제출하였다.

자존심이 상해 첫 여름방학 때 286중고컴퓨터(MS-DOS 5.0, 하드40M)를 30만 원에 구입하여, 아래아한글 1.2를 깔고, 한메타자로 부지런히 연습하였다.

2학기 리포트를 밤을 새워가며 열심히 작성하고 있는데, 첫째 아들이 달려오더니 '아빠, 이거 뭐야?' 하며 리셋 스위치를 눌러 모두 날려 보내기도 하였다.

"새끼인지 웬순지" 생각하며 아들을 보는데, 천진난만하게 웃고 있어 차마 화를 낼 수가 없었기에 사랑스럽게 안아주었다.

눈물을 머금고, 다시 작성하는 데 다행히 이틀밖에 걸리지 않았다. 밤 10시에 퇴근하여 샤워하고 집에 오면 11시 20분.

그때부터 컴퓨터를 켜고 책을 펴서 공부하다 보면 아침이 밝아 온다. 고양시에서 시청 앞까지 좌석버스로 출근하면서 40분, 점심과 저녁 식사 후 30분씩, 퇴근 때 차 안에서 또 40분. 이것이 나의 하루 수면시간이었다. 약 3년간…

어차피 살아남기 위한 청어 같은 몸부림이라 생각하며 버티기도 했지만, 그 당시에는 공부하는 것이 너무 재미있었고, 머릿속에 잘 이해되었으며, 따라서 그 당시에는 육체적 피곤함도 별로 느끼지 못했었다.

살아남아야 했기에…

그러면서도 생각했었다.

여태까지 공부하는 것에 별로 취미가 없었는데, 필요성을 인식해서인가, 아니면 살아남기 위한 생존본능인가?

잘은 모르겠지만, 공부는 본인이 하고 싶을 때 해야 효율적이고 적극적이라는 것을 그때 깨달아 알게 되었다.

그래서인지는 몰라도, 우리 아이들에게 공부하라고 보채거나, 강하게 말한 적이 한번도 없었던 것 같다.

'자기가 하고 싶을 때 하겠지'라는 생각에서 그랬던 것 같다.

(2) 고행의 끝

두 번의 고배 끝에 대학원에 진학할 수 있었다.

난 학부에서 인문사회분야를 공부해서 식품공학분야에 대해서는 아는 것이 별로 없었다.

그런데 조리하다 보니 너무나도 많은 것이 알고 싶어졌다.

그 욕구가 나로 하여금 뒤늦은 공부를 열심히 할 수 있게 한 것 같다.

입학 동기가 5명이었다. 한 명 빼고는 모두 나보다 나이가 많았다. 물론 그들은 학부 전공도 식품공학이다. 그들 모두가 입을 모아 얘기한다. 오혁수 씨는 제때에 졸업하기 힘들 것이라고…

그러한 전조였던가? 그 당시 미생물 담당 교수님께서 물으셨다.

"자네 직장에서 뭐하나?"

"네, 호텔에서 요리하고 있습니다."

"요리사? 요리사가 요리나 하지 무엇 때문에 공부는 한다고 들어오나?"

"네, 궁금한 게 많아서요!"

"그래? 잘해봐!"라고 하시는 말씀이, 불쌍한 사람을 측은한 마음으로 바라보며 하시는 듯하였다.

우여곡절 끝에 지도교수가 정해졌다.

나의 지도교수는 S대를 졸업하시고, 미국에서 박사학위를 받아오신 가장 젊은 교수님이셨다. 식품가공 및 공학을 전공하셨기에 미생물이나 생화학보다는 요리와 가까워서 그리된 듯싶다. 암튼 그분에게는 내가 대학원 첫 제자가 되는 것이었는데, 그것이 아무것도 모르던 나에게는 고행의 길이었으며 또한 행운이었다. 처음에 논문 주제를 잡으려 매주 한두 번씩 교수님의 연구실을 방문하여 몇 시간씩 상담을 하였다.

사실은 교수님이 나를 탐색하시는 시간이었지만… 내가 하루 종일, 일주일 동안 무슨 일을 어떻게 하는지 자세하게 들으시면서, 메모도 하시고 생각도 하시면서, 나를 어떻게 지도하실 것인가를 계획하시려고 무던히도 노력하셨다. 그러다가 이따끔씩, 원정을 보내기도 하셨다. 한국식품개발원에 김OO 박사님 찾아가면 쌀에 대한 자료, 밥에 대한 자료를 많이 받아 올 수 있을 것이라며, 미리 연락을 해주셨다. 케이크 하나 들고 그보다 더 많은 분량의 원서자료를 받아오곤 하였다. 그것이 나의 과제였던 것이다.

식품생화학 첫 시간에 담당 교수님께서 말씀하셨다.

난 평생을 단백질만 연구했는데, 도대체 그것이 무엇인지 아직도 모르시겠다면서, 최근 논문을 한 편씩 나누어주셨다. 번역하여 공부해서 발표하라고…

헉… 한글로 써 있어도 이해하기 어려운 것을…
너무나도 막연하고 막막한 상황에서, 전문용어를 사전을 찾아가며, 하나씩 하나씩 해나가는데, 너무나 재미있고 신기하게 머릿속에 잘 들어가는 것이었다.

역시 공부는 자기가 필요하다고 느껴서 할 때가 가장 효율적인 것임이 틀림없었다.
그러다 보니, 퇴근해서 잠깐 책상 앞에 앉았었는데, 금방 아침이 밝고 출근할 시간이 다 되어버렸다. 출퇴근하는 버스 안에서 잠만 자다 보니, 가끔씩은 퇴근버스에서 졸다가 지나친 적이 한두 번이 아니고, 때로는 종점까지 가기도 하였다. 다시 돌아오는 버스가 없어 택시를 타고 오기도 하고.…

그런데 잠을 못 자도 피곤치 않고, 시간 나는 대로 졸기는 하지만 버틸 만했었다.

그렇게 3년간 살다 보니, 동기생 5명 중에서 나만 제때에 졸업을 하게 되었다. 완전히 토끼와 거북이의 경주가 되어버렸던 것이었다.

그때 알았다. 사람이 정신을 바짝 차리고 있으면 잠을 못 자도 죽지 않는 다는 것을.…

대학원을 졸업하고 나서 어느 날.…

아침에 깨어 눈을 떠보니 천장이 천천히 돌아가고 있는 느낌이었다.

"이게 뭐지?"

생각하며 일어서니 천장이 막 빨리 돌아가는 것이었다.

속은 메스꺼웠고 몹시도 어지러웠다.

다시 누우니 천천히 어지럽고.

왜 이러지?

회사에 전화해서 출근 못 한다고 하고, 사람이 모자라 주방에서는 난리가 났지만… 일단 쉬었다.

병원에 가도 원인을 모르고 나중에 한의원을 찾아가 맥을 짚어보았더니.…

"어디에 신경을 대단히 많이 쓰셨나 봐요?"

"네, 몇 년간 신경을 좀 많이 썼지요."

"신경을 너무 써서 혈액순환이 너무 느려졌어요. 몸을 좀 보하면서 쉬시면 됩니다."

그래서 일주일 이상 누워서 잠만 자며 푹 쉬었다.

3년간 온 신경을 집중해서 공부했더니, 몸에 무리가 좀 갔었나 보다.

하긴, 잠도 제대로 못 자며 했으니 그럴 만도 했다.

그래서 대학원 석사생활은 잠을 안 자고 공부한 것밖에 생각이 나질 않는다.

그렇게 쉬면서 마음속으로 다짐했다.

'박사는 하지 말아야지, 도저히 못 하겠어!'

3. 나의 교수생활 이야기

1) 휴무일 새벽 3시 40분 : 겸임교수 생활

대학원을 졸업하고 학위를 따자마자 강원도 어느 골짜기에 있는 대학의 겸임교수가 되었다.

휴무일 새벽 3시에 일어나 아내가 준비한 도시락을 두 개 싸들고 3시 40분에 시동을 건다.

한 시간 정도 자동차로 달려가다가, 치악산 휴게소에서 일출을 바라보며 숨 한번 쉬고, 영월쯤에서 아침식사로 도시락 하나를 먹는다.

그리고 계속 가면 9시부터 야간수업까지 끝나면 밤 10시가 된다.

몸 풀고 출발하여 쉬엄쉬엄 오다 보면, 집에 3시 40분쯤 도착하게 된다. 24시간의 출장인 셈이다.

잠깐 졸다가 눈곱 떼고 출근하여 1주일 지나면, 다시 휴무일 새벽 3시 40분, 대학원 때 잠 안 자고 다니는 것은 어느 정도 익숙해졌지만, 그런 상태로 장시간 운전은 좀 힘들었다.

어떤 때는 거의 무의식적으로 운전을 하다 정신을 차려 보면, 눈만 떴지 완전히 자면서 운전하는 것이나 마찬가지였으니.…

한번은 산에서 눈을 만났다. 눈발이 더 강해지기 전에 고속도로에 다다르기 위해 정신을 바짝 차리고 달렸다.

그러다 고속도로에 오니 눈이 오지 않았다. '정신 있을 때 좀 많이 가두어야지.' 하면서 좀 과속을 했다.

그러다, 아차 싶을 때 단속 카메라가 번쩍하며 터졌다.

에이, 오늘 일당 다 날리겠네, 속도 위반에 걸린 것이다. 할 수 없지 뭐.…

휴게소에 가서 눈 좀 붙이다 가야겠다고 생각했다. 화장실에 다녀왔다가, 차를 보고는 난 미친놈처럼 혼자 깔깔거리며 웃었다.

자동차 번호판에 눈이 쌓여서 번호가 보이지 않는 것이었다. 단속 카메라에 하얀색으로 나왔을 내 번호판을 생각하니, 너무도 재미있어서 하루의 피로가 싹 날아갈 지경이었다.

그래도, 이젠 좀, 천천히 가야지.…

애가 셋인데,

공부하느라 당겨 쓴 돈이 얼만데, 벌써 가면 안 되지.

다 갚기 전에는 죽어도 안 되고,

아이들 다 크기 전에는 아파도 안 되니,

이젠 좀 살살 다녀야겠다.

2) 조리사에서 교수로

1990년 2월 17일 결혼해서 제주도로 신혼여행을 갔다. 렌터카를 타고 여기저기 돌아다니는데 지상낙원에 온 기분이었다.

우리 나중에 여기 내려와서 살까? 하며 얘기했었는데, 그런데 그것이 8년 만에 이루어질 줄은 "진정 난 몰랐었네!"

제주 ○○대학에서 일식 전임교수를 뽑는다는 공고를 보면서, 집사람에게 말했다.

각시야,

우리 제주 가서 살아볼래?

그래서 원서를 넣었고, 많은 외국 박사들을 물리치고 면접을 보았으며, 대한민국 최초의 일본요리 전임교수가 되었다.

나중에 들은 얘기지만, 지원자 중에서 실무경력자면서 석사학위를 취득한 사람은 나 혼자였었다고 한다.

전임교수가 되었다는 것을 제일 명예스럽게 축하해 주시던 분은 대학원 석사 지도교수님이셨다.

동국대학교 식품공학과 이승주 교수님.…

이제 교수가 되었으니, 박사과정을 권유해 주시면서, 굳이 서울까지 다니지 말고, 제주대학교 식품공학과도 오랜 전통이 있으니 거기에서 과정을 하라고 하셨다.

나는 학창시절 화학을 제일 싫어했었는데, 어쩌다 보니, 제주대학교 대학원에서 식품화학 실험실로 들어가게 되었다. 거기서 피펫(pipette : 분석용 화학실험기구의 하나) 잡는 법부터 배워가며, 또 고달픈 대학원 생활이 시작되었다. 연구실에서 밤늦게까지. 김수현 지도교수님의 배려로 실험하는 법을 배우고, 경상대학교까지 가서 분석기계를 사용할 수 있게 해주셔서, 무사히 기능성 식품에 대한 박사학위 논문을 작성할 수 있게 되었다.

그러나 틈틈이 가족들과는 제주 바다를 모두 석권하고, 제주에 와서까지 아파트에서만 사는 것이 무의미하다고 느껴, 제주시 인근, 귤밭 속에 있는 허름한 집을 빌려 개 두 마리를 키우며 살았다.

지금 생각해 보면, 그때가 우리 아이들에게 정서적으로 가장 좋았던 것 같았다.

강아지들과 귤밭에서 뛰어놀다가, 힘들면 앉아서 귤을 맘껏 따먹고, 큰아들은 분교에서 재미있게 전원학교 생활을 하였다.

학교에서 학생들에게 실습시연하는 것이 재미있었다. 야간 학생들은 수업 끝나면 자주 회식을 하였다.

밤마다 메뉴는 흑돼지구이.…

결혼식은 집에서 잔치로 하는데 무조건 돼지고기가 주요리. 제주에서는 결혼식이라 안 하고 "잔치먹으러 간다"고 표현한다.

MT를 가도 돼지고기….

내가 살찐 돼지가 되어가는 느낌이었다.

지역 조리사협회에서는 조리사 위생교육을 해달란다.

한국산업인력공단에서는 기능사 실기시험 감독의뢰가 들어온다. 각종 심사위원 자리가 나를 불러주었다.

그렇게, 너무너무 재미있게 지냈지만, 제주에 내려갈 때에는 다시 올라올 생각이 없었는데, 고향(서울) 생각에 다시 올라갈 계획을 세워 실행하게 되었고, 2002년도부터 안산공과대학(현 신안산대학교)에서 교수생활을 계속 이어가게 되었다.

제주의 학생들이 서운해 하면서 왜 떠나느냐고 물었다.

"내가 제주에 뼈를 묻어도 너희들은 나에게 삼촌이라 부르지 않을 거잖아? 그래서 고향으로 다시 가는 거야.…"

그랬더니, 모두 입을 다물고 아무 말 못하며 고개를 끄덕였다.

제주에서는 큰 형님뻘 이상 되는 모든 제주 사람들에게 '삼촌'이라는 표현을 쓴다. 그런데 나같이 육지에서 온 사람에게는 절대로 쓰지 않는다는 것이다.

어쨌든, 조리사에서 교수로서 4년간 제주에서의 생활은, 나에게는 새로운 세계로의 접근이었고, 우리 가족 모두에게는, 정서적으로 안정감을 줄 수 있는 계기가 되었으며, 그때 좋은 사람들을 많이 만나, 지금도 매년 제주여행을 가서 만나고 놀고 쉬다 올 수 있는 핑곗거리가 되어주고 있다.

3) 교수생활

이런 질문을 받았다.

"교수님, 호텔에서 근무하시는 게 좋아요, 아니면 교수가 좋아요?"

질문자의 의도에는 교수가 더 좋을 것이라는 가정이 서 있었다.

나의 대답은

"둘 다 힘들어요."

호텔에서의 근무는 근무대로 힘들고, 교수는 교수로서 힘든 일이 있다. 하는 일의 성격이 다를 뿐이다.

처음 임용되어 보니, 강의자료 준비해야 하고, 그것을 바탕으로 열심히 강의와 실습을 해야 하고, 학생들 상담도 해야 하고, 책 만들기 위해 원서 번역해 가며 원고도 만들어야 하고, 학과 행사 준비해서 진행해야 하고, 야간 학생들과 적당히 대화하며 놀아도 주어야 하고, 이것저것 하다 보면 밤 10시 전에 집에 간 적이 그다지 많지 않았던 기억이다.

조금 정리가 되면서는 박사학위과정 때문에 열심히 공부하느라 새벽에 들어간 적도 많았음에, 우리 집 아이들과는 낮에 시간 내서 틈틈이 놀아주고, 바다도 가고, 수업이 모두 끝나야 내가 공부하고 연구하며 준비할 시간을 얻게 되며, 연구실적, 저서발행, 기관행사, 외부교육 강사, 외부행사위원 등등 분주하게 움직이게 되었다.

교수와 호텔조리사 중에서 뭐가 더 좋으냐는 질문에, 무엇이 더 좋다고 말하는 답변보다는, 이젠 다시 주방에 서서 일하는 것이 싫어졌다는 표현이, 좀 더 정직한 답변이 되리라.

교수라는 것이 시간 많고, 편하고, 어디서나 대우받으며 여유 있게 산다는데, 물론, 그렇게 사는 사람들도 많은데, 난 이상하게도, 늘 바쁘고, 분주하고, 이리저리 여기저기 이일 저일 하느라, 자칭 잡사가 된 지 오래.

학사, 석사, 박사가 모두 다른 대학이고, 처음에는 일식만을 했지만, 한식, 양식, 중식 등 자격증 실기감독도 하게 되었으며, 중견업체 메뉴 자문은 물론, 위탁경영까지도 해주다 보니, 분야가 모두 다른 특성이 있어 따라가기가 벅차서, 남들보다 많은 시간을 투자하지 않으면 안 되는 상황인지라, 밤이면 밤마다 연구실의 불을 밝히지 않을 수 없었다.

교수생활 20년 하면서, 박사학위도 따고, 논문도 여러 편 썼고, 교재 발간도 여러 권 했으며, 여기저기 불려 다니며 심사, 출제, 검토, 자문, 경영 등 다양한 활동을 했지만, 무엇보다도 보람 있었던 것은, 일하면서 항상 즐거웠었다는 것이다.

그러는 사이에 나의 세 자녀들 모두 훌륭하게 자라주었다.
교수로 첫 임용받던 해 초등학교 1학년이던 맏아들은,
다국적 기업에 취업해서 지금 외국으로 독립해 나간 상태이고,
뒤늦게 말문 트였던 둘째 아들은,
대한민국 육군 장교가 되어 장기복무 중이며,
업혀 왔었던 막내딸은, 선취업 후진학으로 주경야독(晝耕夜讀)하는 전문직 여성이 되었으니, 앞으로 살아남기에 큰 문제는 없으리라.
이렇게 삼 남매 모두가 20대에, 완벽한 독립으로 홀로서기에 성공하였음에 감사하고, 아빠의 살아남기 노력이 헛되지 않았음에 감사하며, 그 모든 일에 밑거름이 되어준 아내에게 더욱 감사하다.

이러한 큰 은혜를 베풀어주신 하나님께 감사와 영광을!
지금도 내 연구실 불은 가장 늦게 꺼지는 것을 우리 학생들이 항상

보고 있음에.

살아남기란, 교수나, 학생이나, 조리사나, 다른 직장인들이나, 아들이나 딸들이나, 모두에게 힘들고 고되지만, 보람이 있고 없고는 각자 하기 나름이라는 말씀을 모두에게 드리고 싶다.

이 글을 쓰고 있는 지금도, '똑똑'하며 내 방문을 두드리는, 누군가의 노크 소리가 들린다.

4) 제자들의 이야기

(1) 특급호텔에서…

졸업예정자들은 현장실습을 통해 취업시킨다. 참 착실하고 열정적이었던 학생이 있었다. 자기는 죽어도 특급호텔에 입사하고 싶다고 한다.

이리저리 수소문하여 강남에 있는 특급호텔에 실습생으로 보냈고, 인턴을 통해 정식 직원이 될 기회라서 그 학생을 추천하여 들여보냈다.

방학 중 실습을 마치고 인턴으로 연계가 되어 계속 근무를 할 수 있게 되었다.

그러던 중 두 달 정도 지나서 연락이 왔다.

일하다가 쓰러져서 응급실에 실려 갔다고, 이유는 영양실조.

일하느라 밥 먹을 시간을 놓친 것 같은데, 그런 경우 요령껏 끼니를 해결하여야만 한다.

그런데 그 학생, 너무 정직하고 고지식한 나머지 그냥 일만 하다가 굶고 지쳐서 병원신세를 지게 된 것이다. 그리고는 자기와 호텔이 잘 안 맞는 것 같다고 퇴사를 했다. 씁쓸한 기분을 뭐라 말할 수 없었다.

너무 열심히 일하다가 손가락을 제면기에 넣어 절단되는 경우도 있고, 사람들에게 시달려 그만두는 경우도 많다.

무엇이 잘못된 것인지, 누가 잘못한 일인지 따지기가 어려운 상황이라…

학생들을 취업시키고 나면, 일등병들이 전투에서 총알받이로 쓰러지는 듯한 느낌이 든다.

어휴, 저것들 살아남아야 하는데…

(2) 스타 셰프 레스토랑에서…

텔레비전에 출연하며 유명세를 탄 사람들을 스타 셰프라고 하나 보다.
어느 날 학생 한 명이 묻는다.
"교수님, 스타 셰프가 운영하는 ○○식당에 취업하고 싶은데 어떻게
해야 할까요?"

"거기 가서 밥을 두어 번 사 먹어 보고 얼굴 익힌 직원한테 물어봐.
'여기 혹시 사람 구하나요?'라고, 십중팔구 채용할 거야. 아르바이트
생으로라도."

그리고 몇 달 후에 그 학생이 찾아왔다.

"교수님!
뭔가 있을 것 같아서 가봤는데, 일해 보니 별거 없어요.
비위생적이고, 규칙도 없고, 그냥 주먹구구식으로 일만 시켜요.…
그래서 나왔어요. 실망이 커요."

"아가야, 어디를 가든, 특별한 것은 없단다.
그리고 완벽하게 시스템적으로 운영되는 곳도 없단다.
대기업이든, 호텔이든, 개인 레스토랑이든 상관없이, 그냥, 임기응변
식으로 하루하루 운영해 나가는 것이 현실이란다.
그러니, 어쩌면 좋겠니, 우리가 그냥 적응해야지…"
그래서 '어디를 가서 근무하느냐?'보다는,
어디를 가든지 '어떻게 근무하느냐?'가 더욱 중요한 것이란다.

(3) 대기업 외식사업부에서…

국내 굴지의 그룹에서 공채로 입사한 졸업생의 얘기다.

청년취업아카데미를 통해 교육을 받아 수료했고, 신입사원으로 응시를 하여 서류전형, 면접, 신체검사를 통과하여 최종합격 소식을 접했을 때, 세상을 얻은 기분이었다고 했다.

출근하면서, 미래 매니저가 될 꿈도 꾸면서 하루하루 열심히 일했었다. 강남테헤란로 근처의 사무실이 많은 곳에 위치한 레스토랑이라서, 평소 특히, 점심때 손님들이 많았다고 한다.

정신없이 일하고 잠깐 쉬고 나서 저녁 영업으로 이어지고…

그런데 업장에 장사가 잘 안 되는 것도 아닌데, 언젠가부터 저녁시간 오버타임 수당을 주지 않았다고 한다.

나중에 보니, 매니저가 오버타임 수당 신청을 하지 않고 있었다고 한다. 그래서 따졌더니, 저녁때 장사도 잘 안 되어 매출도 안 오르는데, 어떻게 오버타임 수당을 신청할 수 있겠냐면서, 그냥 참아달라고 했단다.

아마도, 매출대비 연장근무수당이 과하면, 매니저로서 패널티가 있었나 보다.

그런데 한두 번도 아니고, 날마다 하루 두세 시간씩의 시간 외 수당이 없어지고 있다고 생각하니 참으로 억울하였다.

그렇게 6개월을 참다가 그만두고 나왔는데, 그러고 나니까, 다른 기업 외식사업부에서 이런 식으로 직원들의 수당을 떼어먹었다는 뉴스가 보도되었는데, 모래알을 씹는 기분이었다고 한다.

"자네야, 처음 일 배울 때는 너무 돈 생각하지 않았으면 해.

일단 일에만 집중해 봐.

그게 네 정신건강을 포함해 여러 가지 측면에서 이로울 거야!"

"지금, 얼마를 받는지는 별로 중요하지 않아.

먼 훗날, 자네가 어느 위치에 도달할 수 있느냐가 더 중요한 거야.

뭣이 중한지도 모르면서 시급만, 월급만 따지지 말고 뭣이 중한지 빨리 깨닫는 것이 가장 중요하지."

(4) 프랜차이즈 레스토랑에서…

프랜차이즈 레스토랑의 특성은, 모든 메뉴가 1차 가공되어 포장된 채로 공급받는다는 것이다.

그것을 해동하여 통째로 데우거나, 포장에서 꺼내어 정해진 시간과 방법대로 굽거나, 기름 온도를 맞추어 튀기거나, 오븐에서 조리하여 담아내면 된다.

특별한 기술도 노하우도 없는 듯하다. 그래서 일하다가 싫증이 나고, 짜증을 내게 된다. 그리고는 다른 데 가서 일을 배우고 싶다고 한다.

다른 데로 가도 마찬가지일 텐데. 그들에게 묻는다.

"그 음식 조리하면, 누구나 같은 맛이 나니?"
"아니요, 좀 달라요.…"
"좀 맛있게 하는 사람도 있지? 같은 방법이지만!"
"네."
"거기에서는 그것을 배워야 하는 거야.

앞으로 거의 모든 레스토랑의 식재료는 로봇이 1차 가공하여 포장된 채로 들어올 거야.

그것을 잘 이용해서, 같은 레시피에 같은 조리 매뉴얼이라고 할지라도 더 맛좋게 만들 수 있는 것이 기술이야.

그것을 익혀야지.

한석봉 이야기 알지?

불을 끄고 떡을 썰던 어머니와 같이, 어둠 속에서 글을 바로 쓸 수 있는 기술.…

그런 것들은 단순한 작업의 무수한 반복 속에서 익히게 되는 거지. 그리고 달인의 경지까지 가는 것이고…"

내 말이 맘에 들지 않나보다. 아래만 바라보는 것이.…

"여기 10명의 학생에게 똑같은 라면을 주고 끓여보라고 하면, 모두 같은 맛일까?"
"아니요."
"그래, 맞았어. 모두 다른 맛이 날 거야.…"
"물의 양, 물의 온도, 불의 세기, 라면과 수프를 넣는 타이밍, 넣고 나서 저어주는 정도.
계속 끓일 때의 상태, 뚜껑 사용 여부.
끓어 넘칠 때 불 조정(물을 넣거나, 불을 줄이거나)
완성되어 불을 끄는 타이밍, 담을 때 그냥 부어 담기와 젓가락으로 면만 먼저 건져 담고 국물을 나중에 붓기 등…
맛에 영향을 주는 그 변수는 다양하지.…
그 변수들을 일일이 머릿속으로 계산하는 것이 아니라, 몸으로 눈으로 느낌으로 감당해야 하는데, 하루, 아니 몇 달 만에 가능할까?"

역시 대답이 없다.
지도 머리로는 알면서 현실을 인정하기가 어려운 모양이다.

반복되는 일상 속에서라도, 그것을 자기 것으로 만드는 방법을 배우고 나온다면 큰 이득이다.

그 뒤는 알아서 하도록 더 이상 얘기는 하지 않는다.

이직 여부는 본인이 알아서 선택하겠고,

그 결과는 본인 책임이기에.

(5) 전 사무직이 좋아요…

요즘 뜨고 있는 뷔페식당에서 사무직원을 추천해 달라고 하는데.…
아마, 식재료 발주, 메뉴, 직원스케줄 등의 업무일 거야.…
프랜차이즈 본부에서 사무직원을 채용한다는데 누가 갈래?
"교수님, 저는 사무직이 좋아요."
저를 보내주세요.…

사무직에서 일하는 졸업생들을 찾아가 보았다.

처음에는 좋아서 갔지만, 모두 힘들어하며 후회하고 있었다.

"교수님, 차라리 주방이 더 좋아요."

주방에 관련된 사무업무는 한계가 없다.
주방의 모든 불만은 사무실로 오기 때문이다.
냉장고 고장부터, 식재료, 급여나 복지에 관계된 불만이나, 직원들 개인에 관한 사무적인 업무, 청소도구, 조리도구 등 다양한 소리를 들어야 한다.
그리고 영업에 관련된 모든 사무업무를 담당해야 한다.
메뉴개발을 위해 사진도 찍고 레시피도 받아 적고, 인쇄물도 만들고, 보고서도 작성하고, 경비지출에 관한 업무, 매출관리에 관한 서류작업 등.…
또한, 주방에서의 온갖 애로사항 등을 들어주며, 때로는 현장 직원들의 짜증, 원망을 모두 받아야만 했단다.

간부사원의 지시사항을 전달할 때면, 현장책임자들의 반항과 욕설까지 사무직원들에게 돌아오곤 했단다.

그렇게 분주한 업무를 처리하다 보니, 입사 후 저녁 9시 전에 퇴근해 본 적이 없다고 한다.

1년 정도 버티면 아주 오래 일한 것이다.

얘들아!

"사무직, 그리 만만한 일이 아니다."

그러니, 다시 생각해 보는 것이 어떻겠니?"

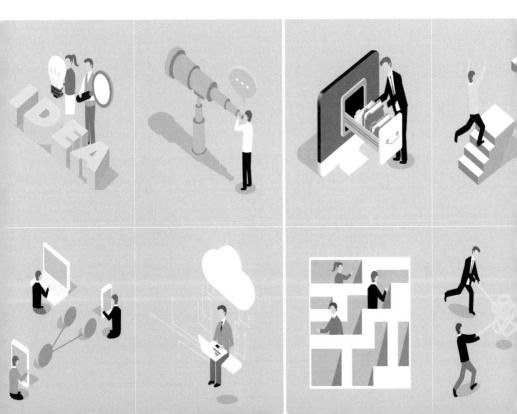

(6) 저는 조리가 적성에 맞지 않아요…

학생들에게 조리용 칼 가는 방법을 알려준다.

숫돌 위에 칼을 얹어 놓고, 그 위를 손가락으로 살며시 눌러주며, 온 몸의 반동을 이용하여 칼을 밀어주라고 한다.

먼저 시범을 보이고, 학생들도 해보게 한다.

자세를 잡아주고, 옆에서 다시 보여주고, 같은 설명도 수차례 반복해 주고.

대체적으로 잘하는데, 도무지 자세도 안 잡히고, 감도 잡지 못해, 칼을 가는 것이 아니고, 숫돌을 가는 학생들도 있다.

그들에게 당근으로 꽃이나 나비를 만들어보게 한다. 역시 당근을 산산조각내고 마는 학생들도 있다.

조리사로 취업시키려 대기업에 추천해 주었다. 그런데 학생에게서 전화가 온다.

"교수님, 저보고 홀에서 서빙하라고 하는데, 어떡하죠? 전 조리가 좋은데."

이러한 몇 가지 경우에 나는 학생들에게 이렇게 제안하곤 한다.

칼 가는데 서툴거나, 칼질에 소질이 없어 기가 죽거나, 조리사로 응시했는데, 식음료 서비스로 부서를 바꾸라는 말에 당황하지 말고, 오히려 감사하라고 말이다.

그리고 너는 조리보다 요리를 판매하는 것에 더 소질이 있을 거야.

원래 잘 만드는 사람은 잘 못 팔지만, 잘 못 만드는 사람이 더 잘 파는 경우가 많거든. 또한 면접에서 네 인상이 고객 응대에 더 적합하다고 판단되는 경우 그런 제안을 하곤 하지.

   속된 말로, 너 호감 있게 잘생기고 예쁘다는 얘기야.

   그러니 좋다고 해.

   또 하나, 주방보다는 홀이 급여가 더 많고, 진급도 빨라.

   점장이 되는 지름길이 될 수도 있어.

   그러니, 음식을 만드는 사람에서 음식을 파는 사람으로 마음을 바꿔

보라고…

   사실, 현실이 그렇다.

   주방장 출신은 음식만 알지 고객을 잘 모른다.

   하지만 홀에서 서비스하던 직원들은 고객의 마음을 알고 있다.

   그래서 회사에서도 조리보다는 영업을 더 중하게 여기는 경향이 있다.

   "나중에 장사할 거면 주방보다는 홀에서의 경험이 더 중요하단다."

(7) 콩나물 키우기

나의 취미생활이자 직업이다.
콩나물에 물을 주면 대부분 흘러나온다.
헛수고만 하는 기분이다.
그런데
한참 시간이 지나고 나면,
콩에 싹이 트고 줄기가 자라 콩나물이 된다.
나의 학생들에게 날마다 물을 주듯이 잔소리를 한다.

아이들은 완전 "쇠귀에 경 읽기"다.
그러다가 졸업을 하고 취업을 하고 나서,
이리저리 다양한 시달림을 당하고 난 뒤,
모두 같은 소리를 한다.
"그때 교수님 말씀이 맞았어요."

"지금 학생들은 그런 실수 안 하도록 잘 말씀해 주세요."

매년 학과에서 MT, 뷔페페스티벌, 해외 음식문화 벤치마킹, 레스토랑
운영 등의 프로그램을 진행한다.
학생들이 기획하고 준비하고 진행하는 가운데,
우리 교수들은 매년 같은 실수를 바라봐야 한다.
물론 미리 지적해 주고 실수하지 않도록 준비시킨다.
그러나 막상 일이 닥치면 항상 같은 오류가 발생한다.
역시 열심히 주었지만, 대부분 흘러나오는 물이다.

그런데 날마다 새던 물을 먹고 자라던 것들이,

어느덧 졸업하면서 의젓해지고, 취업도 하여 결혼식 주례도 부탁하러 오고, 사장도 되고, 책임자도 되는 훌륭한 콩나물로 자라난 것이다.

그중에 자기 자식도 모교로 보내는 멋진 콩나물들을 바라보노라면 희열이 느껴진다.

오늘도 헛된 콩나물 키우기를 하는 것 같지만, 내일 멋진 콩나물을 볼 생각에, 피곤하지도, 지루하지도 않다.

이제는, 물새는 소리가 유쾌하게 내 귀에는 들린다.

지금 또 밖에서는 물새는 소리가… ㅎㅎㅎ

2장

조리사라는 직업

2장

조리사라는 직업

1. 조리사의 개요

1) 조리사의 의미

조리사라는 용어에 대한 정의를 먼저 살펴보자.

(1) 조리사의 정의

호텔이나 음식점, 단체급식 식당에서 식재료를 가공하여 음식을 만드는 사람을 말한다. 조리사가 되기 위한 특별한 자격은 없지만, 조리사로 활동하기 위해서는 국가에서 부여하는 자격증을 취득해야 한다. 조리기능과 관련된 자격증에는 조리기술과 관련 지식에 따라 조리기능사, 조리산업기사, 조리기능장 등이 있다.

(2) 조리사의 자격

조리사는 준비한 재료에 물리적 및 화학적 방법을 가하여 음식물 만드는 과정을 담당하는 사람이다. 조리사의 자격은 조리기능사 자격증을 취득한 후 시·도지사의 면허를 받은 자로 규정하지만, 일반적으로는 음식 만드는 모든 사람을 지칭하기도 한다. 조리사 자격으로는 조리기능장, 조리산업기사, 한식조리기능사, 양식조리기능사, 중식조리기능사, 일식조리기능사, 복어조리기능사로 세분되어 있다. 식품위생법에 따르면 국가나 지방자치단체, 학교, 병원, 사회복지시설 등에는 반드시 자격증 취득자를 채용하도록 정하고 있다.

자격증을 취득하려면 전문대학이나 대학교에서 조리관련 학과를 졸업하고 자격증 시험에 응시하거나, 사설학원의 강좌를 수강한 후 자격증 시험에 응시할 수 있다. 하지만 반드시 교육을 이수해야만 응시자격이 주어지는 것은 아니다. 시험은 상시와 정시로 구분하여 연중 실시하며, 한국산업인력공단에서 문제 출제 및 전체를 관장하고 있다. 조리기능사 자격시험은 필기와 실기시험으로 나누어 치러지며, 필기시험은 객관식(사지택일형)으로, 1교시당 60분씩 총 120분 동안 치러지는데 100점 만점에 60점 이상 되어야 합격이 된다. 조리사 필기시험은 조리사가 되기 위해 꼭 알아야 할 공중보건, 식품위생, 식품학과 관련 법규에 관한 내용으로 출제된다. 실기시험은 역시 100점 만점에 60점 이상이 되어야 합격할 수 있는데, 과목마다 약 25~50여 가지의 공개된 문제 중 한식요리 중 당일 2가지가 출제되고 이를 주어진 시간 안에 조리해야 한다.

위의 두 가지 정의를 요약하여 보면, 조리사는 요리 만드는 것을 직업으로 하는 사람으로서, 조리사 자격증을 취득한 사람이라 할 수 있다. 그런데 그 시험은 응시자격이 따로 있지는 않으니 학력이나 경력에 상관이 없다는 것이다. 즉 초등학생도 취득할 수 있다는 얘기다. 상위 자격에 산업기사가 있고, 숙련된 사람만이 응시할 수 있는 조리기능장이 있다는 것이다. 일단 쉬운 기능사 자격 하나만 있으면 되는데, 한식은 공개된 문제의 수가 많아 양식을 준비하는 것이 좀 쉬워 보인다. 일식은 실기시험이 좀 어렵다고 하며, 중식은 일식보다는 쉽다고 한다. 이론시험은 60문제 중 36개를 맞히면 되고, 실기시험 또한 두 가지 과제를 모두 60점 이상 받아야 합격한다.

매년 약간의 변동은 있지만, 평균적으로 이론시험 합격률은 40~50%, 실기시험은 20~30% 내외로 알려져 있다.

시험의 주관은 한국산업인력공단에서 진행하고 있으며, 홈페이지에 방문하면 시험일정과 자격증에 관한 정보를 얻을 수 있다.

(3) 조리사의 직무특성

이제 실제적인 현실을 짚어보자.

본인이 직접 개업할 것이 아니면, 처음 조리를 시작하는 사람에게 자격증이 꼭 필요한 것은 아니다. 현장에서 먼저 배우고 나중에 자격을 취득하는 경우도 많다.

실제 조리현장에서 보면, 대학에서 전혀 다른 전공을 하였거나, 대학에 진학하지 못한 고졸, 대학을 다니다가 군대를 다녀와서 아르바이트 중인 휴학생 등 비전공자가 상당히 많이 있다.

그러다가 나중에 자격증도 따고, 야간대학이나 방송대, 사이버대학을 통해 학위를 취득하기도 하고, 그냥 학력에 무관하게 다니는 경우도 많다.

조리직이 지금은 거의 3D업종으로 인식되어, 전공자들도 도중에 포기하는 경우가 많아서 나타난 현상이다.

하지만 세상살이가 그다지 만만치 않음에, 다른 분야에서 넘어오는 경우도 많다는 얘기다.

- 근무시간

대기업은 주 5일 근무에 주 40시간이 기본이지만, 사실상 대부분 레스토랑이 하루 10시간 이상 업장에 머무르게 되며, 중견, 중소기업, 개인 레스토랑은 주 6일 근무가 많다. 그만큼 급여로 보상한다.

틈새를 노려 월 7회 휴무라고 하는 곳도 있다. 결국은 최저시급 이상으로 근무시간만큼 급여를 계산해 주는 것이다.

■ 주방환경

주방엔 대부분 냉난방 시설이 없다. 아니, 있어도 주방에서는 제 기능을 못한다.

그래서 여름에는 찜질방이고, 겨울에는 선선함과 뜨거움이 교차한다.

그리고 매우 좁다. 그래서 업무 중에 사람들 사이를 비집고 다니는 경우가 많다.

■ 업무여건

육체적 · 노동집약적인 업종이라 중도 퇴사가 많다. 그래서 항상 직원이 부족하다.

그것은 항상 업무량이 많다는 것을 뜻한다. 업무만 많으면 다행인데, 중간관리자들이 정신적으로 힘들게 하는 경향이 있어, 그게 더 힘들다.

신기하게도, 멀쩡하던 사람도 그 자리에 가면, 똑같아진다. 현장실습이나 신입사원으로 근무하던 학생들의 의견이 거기서 일치된다.

"일은 바쁘고 힘들지만 할 만해요. 그런데 사람이 못살게 구는 것은 견디기 힘들어요."

■ 급여

일하는 시간이나 노력에 비해 다소 적은 듯하다는 느낌을 받는다.

하지만 대기업 단체급식이나, 골프장 등의 리조트는 일반 조리직보다 급여가 다소 높다.

단체급식은 대량조리로 인한 노동강도가 강하기 때문이고, 골프장은 대부분 산속에서 기숙사 생활을 하기에 갑갑함을 느낄 수 있기 때문이다.

요즘 젊은이들은 일 끝나고 시내에 나가서 친구들과 치맥이나 소주에 삼겹살, 아니면 피시방이나 영화관람 등의 문화생활을 즐겨야 하는 것으로 생각하기에 회피율이 높아서 나타난 현상이다. 사실 일 배우고 돈 모으기에는 골프장이 가장 적당하다. 여름, 겨울은 비수기라 장기 휴가를 이용한 해외여행도 가능하고, 평소에 돈 쓸 일이 없어 자기 계발에 시간을 투자할 수 있기 때문이다.

■ 조리직무의 성격

아주 일부 레스토랑에서는 고전적인 방법으로 조리를 하고 있지만, 요즘 어지간한 레스토랑들은 매뉴얼과 반가공식품을 사용한다.

따라서 특별한 기술이 없어도 한두 달이면, 업장 메뉴 숙지가 가능하다.

그래서 젊은이들은 배울 게 없다고 단시간 근무 후 이직하는 경우가 많다. 많이 돌아다녀야 많이 배울 수 있다고 생각하기 때문이다.

그런데 다른 데 가도 마찬가지다.

그래서 졸업생들에게 한두 군데 정도 다니다가 더 이상 헤매지 말고 그냥 머무르라고 한다.

레시피를 많이 아는 것이 중요한 것은 아니다. 레시피라는 것은 이미 인터넷에서 무한공급해 주고 있다.

같은 가공식품을 가지고, 같은 매뉴얼로 조리를 해도 사람마다 맛이 다르다.

그것을 깨우쳐야 한다.

마치 한석봉의 모친이, 어둠 속에서도 떡을 일정하게 썰 수 있는 것처럼 말이다.

최근 레스토랑들이 다양한 메뉴를 가지고 생겨나고 있는데, 그 누구도 그 모든 메뉴를 다 알 수는 없다.

어디를 가든 조리에 대한 기본적이고 기초적인 것만 잘 갖추고 있으면 적응할 수 있다는 얘기다.

따라서 너무 여러 군데를 돌아다니기보다는, 한 군데에서 3년이고 5년이고 있다가 직급을 높여서 다른 곳으로 이동하는 것이 유리하다.

1년짜리 경험 10군데 하는 것보다는 5년짜리 두 군데, 그것보다는 10년짜리 한 군데 근무한 사람을 더 인정해 준다.

주방에서의 실력도 중요하지만, 장기 근무자들의 인내심을 인정해 주며, 인간관계를 더 중요시여기기 때문이다.

자주 옮기는 사람은 인간관계에 문제가 있다고 오해받기 쉽다.

그런 경력은 속일 수가 없다.

국민건강보험 자격득실확인서에 모든 근무경력이 나오기 때문이다.

회사 대부분이 그것을 자료 삼아 경력인정과 급여를 책정하고 있다.

"그러니까, 너무 여러 군데 돌아다니지 말고, 한두 번 옮겨봤으면, 이제 적당한 곳에서 머물도록 하라"는 것이다.

2) 요리와 조리

'요리와 조리'의 차이를 정확하게 규명하기 위해서는 우선 사전적인 의미부터 자세하게 살펴볼 필요가 있다.

(1) 요리(料理 : 英, dish, cooking)

요리(料理)의 어의(語義)는 계량기 등으로 계측(計測)하는 것이 중심개념으로 되어 있다. 중국의 고서(古書)에는 약품(藥品)의 분량의 의미로 요리(料理)라는 말이 쓰였다고 한다. 즉 중국 고서에서 약품이라고 하면 한방에 사용되던 약의 재료를 지칭하는 것이며, 그 재료를 저울에 달아 그 분량을 재는 것을 요리라고 하였다. 한약의 재료라고 하면 예나 지금이나 거의 식품으로 사용되는 것들로서, 그것을 말리거나 해서 약으로 달이기 위해 그 처방에 따라 계량했던 것이라는 말이다. 그러던 것이 현재에 와서는 식품 재료에 조리조작(調理燥作)을 통해 먹을 수 있는 형태로 만든 식물(食物), 즉 음식물을 의미하게 된 것이다.

이것을 정리하여 설명하면 한방에서 약품을 처방에 따라 저울에 달아 계량하던 것을 요리라고 하였으며, 그것이 지금에 와서는 식품의 재료를 그 분량에 따라 섞고 조작하여 만든 것, 즉 그 생산품인 음식물을 요리라고 한다는 것이다.

예를 들면, 한국요리, 일본요리, 중국요리 등으로 표현하는 경우와 일품요리 같은 메뉴 형식으로 표시하는 경우에는 조리(調理)라고 하지 않고 요리(料理)라고 하는 것이다.

(2) 조리(調理 : 英, cooking)

조리(調理)의 말뜻을 살펴보면, 우선 조리의 '조(調)'는 '갖추다, 마련하다, 준비하다'라는 뜻이 있고, 조리의 '리(理)'는 '다스리다, 바르게 되다, 좋아지다'라는 뜻이 있다. 이 두 가지 단어를 합치면 조리가 되는데, 그 어원에서의 뜻을 유추하여 해석해 보면, 조리의 의미는 '갖추거나 준비하여 다스려서 좋아진다.'라고 할 수 있다. 이것을 현대적인 의미로 재해석해 보면, 식품의 재료를 잘 갖추고(구매), 준비하여(전처리), 다스려서(조작), 좋아지게(고부가 가치를 지닌 음식이 되도록 만드는) 하는 일련의 과정을 의미한다고 할 수 있다. 즉 간단하게 다시 말하면, 식품의 재료를 종류에 따라 준비한 것을 조리조작(調理操作)을 가하여 더욱 좋게 가치 있는 상품으로 만들어 먹을 수 있는 음식물(飮食物)이 되게 하는 과정이라고 할 수 있는 것이다.

즉 조리란, 단순한 식품의 재료를 준비해서 잘 조절하여 좋아지도록 만드는, 그리하여 훌륭한 음식물로서 재탄생할 수 있도록 조절 및 조합하는 재창조의 과정이라 할 수 있다.

3) 요리사(料理師)와 조리사(調理師)

앞에서 우리는 요리와 조리의 의미를 각각의 어원에 따른 뜻에 비쳐 현대적 의미로 해석하여 살펴보았다. 그렇다면 이 두 가지 개념은 도대체 어떤 차이가 있는 것일까? 단순하게 생각하면 '요리'는 그냥 '만들어 놓은 음식물'이고, '조리'는 그 '음식을 만드는 과정'이라고 말할 수도 있을 것이다. 물론 그 말이 다르다는 것은 아니다. 하지만 그렇게만 이해한다면 요리와 조리 사이에 있는 커다란 의미를 놓칠 수 있기에 좀 더 자세히 설명해 보고자 한다.

식품에는 여러 가지 특성이 있어 그 특성에 따라 조리방법을 달리할 필요가 있다. 또한, 식품에는 단독으로 영양소를 골고루 함유한 것이 그리 많지 않다. 그렇기 때문에 각종의 수많은 식품을 잘 조합하여 조리를 하면 영양가를 높일 수 있을뿐더러 맛 또한 향상될 수 있다. 더욱이 잃기 쉬운 비타민류, 미네랄 등의 손실을 방지하는 등, 영양적인 면의 고려와 적절한 취급이 요구된다. 이와 더불어 맛과 모양 면에서도 밸런스 면에서도 같이 잘 어우러져야 한다. 즉 조리란 식재료를 잘 조절 및 조합하여 맛과 멋과 영양적 가치를 향상시켜야 하는 것이다.

그런데 그렇게 조리를 통해 식품의 맛과 멋과 영양적인 가치를 향상시키기 위해서는 많은 지식과 기술이 요구된다. 다시 말하자면, 바람직한 조리작업을 위해서는 식품 및 조리방법에 대한 지식과 더불어 숙련된 솜씨가 있어야 한다는 것이다. 영양적 가치를 높이기 위해서는 식품에 대한 이론 지식과 영양학, 인체의 생리학적인 지식을 가지고 있어야만, 음식을 통해 건강에 이로운 조리를 할 수 있기 때문이다. 더욱이 식품의 특성과 맛의 조합 및 상승작용을 잘 이해하고 터득하고 있어야 하며, 멋을 내기 위해서는 꾸준하게 익혀온 미적인 감각과 조리에 관한 기능적인 스킬(skill)까지 요구된다는 것이다.

반면에 요리는 어떠한가? 요리의 경우에는 일종의 재료의 양과 조리 방법이 적혀 있는 양목표(recipe)만 있으면, 각 분량대로 그대로 계량하여 표시된 방법대로 익히면 되는 것이다. 특별한 지식 없이도 적당한 상식만 있으면, 라면을 삶듯이 누구나가 할 수 있는 것이 요리라고 할 수 있다.

이상에서 요리와 조리의 뜻을 살펴본 바와 같이, 요리는 계측과 조작을 통하여 만들어진 음식물 그 자체를 의미하고, 조리는 그 의미가 비슷하나 식품의 맛과 멋과 영양 효과를 위한 구체적 · 전문적인 조작과정이 포함되어 있어 그 의미를 더하고 있음을 알 수 있다. 결국, 광범위한 요리의 의미에 조리의 의미가 포함되어 있다고 할 수도 있지만, 과정에서의 방법론적인 깊은 뜻이 내포되어 있다고 볼 수 있다.

자! 그럼 이제 요리와 조리의 개념이 이해되었으니, 여기에 '사(師)'자를 한번 붙여서 요리사(料理師)와 조리사(調理師)의 개념을 살펴보도록 하자.

앞에서 언급한 대로 요리와 조리의 의미에 덧붙여, 그것을 하는 사람이라는 뜻으로서 요리사와 조리사의 뜻을 유추해 볼 수 있을 것이다. 그러니까 요리사(料理師)라고 하면 요리를 하는 사람, 즉 단순히 '식재료를 잘 계량하여 섞고 익혀서 음식을 만드는 사람'이라고 할 수 있으며, 조리사라고 하면 조리를 하는 사람, 다시 말하면 '식재료를 성질에 따라 잘 손질하여, 음식에서 맛과 영양, 그리고 아름다움을 재창조(再創造)해내는 사람'이라고 표현할 수 있을 것이다. 여기에서 우리는 크나큰 차이를 발견할 수 있다.

요리사는 식재료를 계량하여 분량대로 섞어서 요리를 만드는 사람이라 할 수 있으며, 조리사는 음식에 있어 맛과 멋과 영양을 조화있게 만들어내는 사람이라고 할 수 있다.

결론적으로 이야기해서, 요리사는 계량을 통한 단순작업을 통해 음식을 만드는 사람인 반면, 조리사는 한층 더 높은 수준에서 맛과 영양의 균형은 물론이고 음식에 아름다움을 불어넣어 인간의 미적인 욕구까지 충족시켜 줄 수 있는 과학자요, 예술가라고 할 수 있다. 끊임없이 노력하여 우리가 함께 도달해야 하는 목표는 요리사가 아니고, 이러한 조리사(調理師)인 것도 바로 이러한 이유 때문이라고 할 수 있다.

(1) 동서양의 백정

조선시대 우리나라에서 육류를 취급하던 사람들은 '백정'이라 불리며, 천민 이하의 신분으로 대접받았다. 1990년대 초반에 '임꺽정'이라는 드라마에서는 임꺽정의 어린 시절에 동네 아이들과 전쟁놀이를 하며 대장처럼 놀고 있는 소년 임꺽정을 보고, 그의 아버지가 이렇게 소리 질러 말하던 대사가 생각난다. "야 이놈아! 너는 천한 백정의 아들이야! 그런데 어디서 골목대장을 하면서 놀고 있는 게냐?" 하고 호통을 치면서 임꺽정에게 소 잡는 것을 배우라고 보여주는 장면이 나온다. 자신의 아들이 꿈과 비전을 가지고, 자신보다는 더 잘살기를 바라는 것이 부모들의 한결같은 바람일진대, 임꺽정의 부모는 자신의 신분을 저주하며, 더구나 아들도 이 저주받은 신분을 가지고 자신과 같이 살아야 한다고 강조하는 모습을 보면서, 서양의 백정은 어떻게 살았을까 하는 의문이 생겼다.

서양에서도 역시 육류 취급하는 직업을 다소 기피하는 현상은 크게 다르지 않았던 것 같다. 하지만 그것을 하는 사람들의 마음가짐이 달랐다. 그들은 육류를 공급하면서 당당하려 했고, 육류 공급의 효율성을 높이기 위해 연구하며 노력했다. 그 결과 햄이나 소시지 등의 육가공품 등을 개발하게 되었고, 많은 돈을 벌어 마을의 지주로서 자신의 위치를 확고히 하게 되었다.

이러한 현상은 조리사에게 있어서도 동서양이 비슷하게 적용되었다. 우리나라에서의 초창기 조리사들은 자신이 조리사인 것을 무척이나 부끄럽게 생각하여 심지어는 결혼할 사람에게조차 숨기다가 자식을 낳은 다음에 들키고야 마는 사태까지 이르렀었다고 한다. 하지만 그 당시 미국에서 가장 인기 높은 직업이 조리사였음에…

직업은 그 자체보다도 그 직업을 가진 사람의 마음과 태도에 따라 그 직업의 위상이 달라짐을 설명할 수 있다. 조리사가 조리사로서 자부심을 가지고 노력해 나가지 않으며 조리사의 위상은 결코 높아질 수 없다. 이제 조리사가 되려면 대학도 나오고 해야 하지만, 아직도 일부 조리사들이 자신의 직업에 자신 없어 하는 것은, 그만큼 노력하지 않고 있다는 반증이 될 수 있다. 서양의 백정들처럼, 미국의 조리사들처럼 우리 모두 다 자신의 직업에 최선을 다할 수 있는 조리사가 되길 소망한다.

2. 조리사가 되는 길

1) 조리사 자격증 취득

조리사가 되려면 학원을 다니든, 대학을 다니든 상관없이 일단 자격증을 하나 정도는 취득해야 한다. 자격증 없이 받아주는 곳도 있기는 하지만, 멀리 내다보고 시작하는 것이라면, 당연히 취득부터 하고 취업을 하는 것이 좋다. 일단 취업을 하면 자격증을 따기가 더 어렵기 때문이다. 자격증이란 물론 조리기능사 자격증을 말하며, 한식, 양식, 일식, 중식, 제과, 제빵, 복어 중 하나의 종목만 택하여 응시할 수 있다. 한국산업인력공단 홈페이지에 방문하여 온라인으로 접수가 가능하며, 이론 및 실기는 공시된 시험장에 가서 보도록 한다.

▌조리사 자격증 종류▌

자격 종별	응시자격
조리기능사 제과기능사 제빵기능사	자격 제한 없음
조리산업기사	• 기능사 취득 후 + 실무경력 1년 • 대졸 및 전문대졸(관련학과) • 실무경력 2년 등
조리기능장 제과기능장	• 산업기사(기능사) 취득 후 + 기능대 기능장과정 이수 • 산업기사 등급 이상 취득 후 + 실무경력 5년 • 기능사 취득 후 + 실무경력 7년 • 실무경력 9년 등

(1) 조리기능사 자격검정 시험정보

① 자격명 : 한식(양식, 일식, 중식, 복어)조리기능사

② 시험수수료

- 필기 : 11,900원

- 실기 : 26,900원

③ 출제 경향

- 요구작업 내용

  지급된 재료를 갖고 요구하는 작품을 시험 시간 내에 1인분

  을 만들어내는 작업

- 주요 평가내용

  • 위생상태(개인 및 조리과정)

  • 조리의 기술(기구 취급, 동작, 순서, 재료 다듬기 방법)

  • 작품의 평가

  • 정리정돈 및 청소

④ 취득방법

- 시 행 처 : 한국산업인력공단

- 검정방법

  • 필기 : 식품위생 및 관련 법규, 식품학, 조리이론 및 급식관

  리, 공중보건(한식, 양식, 일식, 중식 필기시험은 동일)

  객관식 4지 택일형, 60문항(60분)

  • 실기 : 한식 조리작업 작업형(70분 정도)

⑤ 합격기준 : 100점 만점에 60점 이상

⑥ 응시자격 : 제한 없음

(2) 제과제빵기능사 자격검정 시험정보

① 자격명 : 제과기능사/제빵기능사

② 시험수수료

- 필기 : 11,900원

- 실기 : 29,500~33,000원

③ 출제 경향

- 제과평량, 반죽(발효), 성형, 굽기 등의 공정을 거쳐 요구하는 제과 작품을 만드는 작업 수행

④ 취득방법

- 시행처 : 한국산업인력공단

- 검정방법

• 필기 : 1. 제조이론 2. 재료과학 3. 영양학 4. 식품위생학 객관식 4지 택일형, 60문항(60분)

• 실기 : 제과작업 작업형(2~4시간 정도)

⑤ 합격기준 : 100점 만점에 60점 이상

⑥ 응시자격 : 제한 없음

(3) 조리산업기사 시험정보(한식, 양식, 일식, 중식, 복어)

① 자격명 : 조리산업기사

② 시험수수료

- 필기 : 19,400원

- 실기 : 52,500원

③ 출제 경향

- 요구작업 내용

• 지급된 재료를 가지고 요구하는 작품을 시험시간 내에 1인
분을 만들어내는 작업

④ 취득방법

- 시행처 : 한국산업인력공단

- 검정방법

• 필기 : 공중보건, 식품위생 및 관련 법규, 식품학, 조리이론
및 급식관리. 객관식 4지 택일형, 60문항(60분)

• 실기 : 조리실무 작업형(5시간 정도)

⑤ 합격기준 : 100점 만점에 60점 이상

(4) 조리기능장 시험정보

① 자격명 : 조리기능장

② 시험수수료

- 필기 : 34,400원

- 실기 : 85,000원

③ 출제 경향

- 요구작업 내용

• 지급된 재료를 가지고 요구하는 작품을 시험시간 내에 1인
분을 만들어내는 작업

④ 취득방법

　- 시행처 : 한국산업인력공단

　- 검정방법

　　• 필기 : 공중보건, 식품위생 및 관련 법규, 식품학, 조리이론
　　　및 급식관리. 객관식 4지 택일형, 60문항(60분)

　　• 실기 : 조리실무 작업형(5시간 정도)

⑤ 합격기준 : 100점 만점에 60점 이상

(5) 제과기능장 시험정보

① 자격명 : 제과기능장

② 시험수수료

　- 필기 : 34,400원

　- 실기 : 52,100원

③ 출제 경향

　- 제과, 제빵 평량, 반죽(발효), 성형, 굽기 등의 공정을 거쳐 요
　　구하는 제과, 제빵작품을 만드는 작업 수행

④ 취득방법

　- 시행처 : 한국산업인력공단

　- 검정방법

　　• 필기 : 제과제빵이론, 재료과학, 식품위생학, 영양학 및 기타
　　　제과 제빵에 관한 사항. 객관식 4지 택일형, 60문항(60분)

　　• 실기 : 제과 작업(7시간 정도)

⑤ 합격 기준 : 100점 만점에 60점 이상

공개문제 및 시험정보

　조리기능사, 제과기능사, 제빵기능사 공개문제는 매년 기준이 조금씩 변화하므로, 매년 초에 바뀐 기준이 적용된 공개문제를 www.q-net.or.kr / 자료실에서 다운받아 보실 수 있으며, 각종 시험정보를 제공받을 수 있다. 또한 2020년도에 전면 개정 예정이니 참고하시길

2) 취업하기

(1) 취업처 찾기

① 잡파인딩

- 워크넷(www.work.go.kr)

  잡파인딩이란 일자리를 찾는 것이다. 우선 조리사라는 직업에 대하여 알아보려면 워크넷에 접속하여 본다. 고용노동부에서 운영하는 고용정보 시스템이다. 즉 국가에서 운영하는 대한민국 모든 일자리 정보사이트로서, 여기에서 채용정보 및 직업, 진로에 관한 정보를 얻을 수 있다.

- 잡코리아(www.jobkorea.co.kr)

  취업포털사이트로서 신입공채, 경력특채, 맞춤공고 및 추천, 헤드헌팅, 이력서, 자기소개서, 연봉 안내 등의 정보를 얻을 수 있다.

- 사람인(www.saramin.co.kr/zf_user)

  공채, 취업, 채용, 구인·구직, 인재정보, 기업정보, 이력서, 자소서, 연봉정보 등을 제공한다.

- 인크루트(www.incruit.com)

  취업 인사포털사이트로서 직종별, 지역별, 기업별 구인·구직, 채용, 아르바이트 연봉정보, 인재검색, 기업서비스 등을 제공한다.

- 푸드앤잡(http://www.foodnjob.com/)

  조리사, 영양사, 바리스타, 제과제빵, 홀서비스, 주방보조 등의 채용에 관한 정보를 얻을 수 있다.

- 게임잡(www.gamejob.co.kr)

  게임분야 취업 전문사이트. 애니메이션, 프로그래밍, 그래픽, 구인, 구직 정보 등을 제공해 준다.

- 피플앤잡(www.peoplenjob.com)

  외국계 기업 채용 전문사이트. 취업, 구인, 구직, 헤드헌팅, 해외근무, 산후대체, 경력직, 커리어 컨설팅 등의 정보를 제공한다.

- 알바몬(www.albamon.com)

  단기, 주말, 대학생, 청소년 아르바이트, 급여, 지역, 직종별 채용정보 및 아르바이트이력서 다운 안내 등을 받을 수 있다.

- 알바천국(www.alba.co.kr)

  직종별, 주발, 단기, 청소년, 대학생아르바이트 구인·구직 등의 정보를 제공한다.

- 벼룩시장

  지역별 인근의 생활정보지 등을 통해서 상당수의 채용정보를 얻을 수 있다. 늦게 시작하는 분들은 여기에서 더 좋은 정보를 얻고, 자격 등이 까다롭지 않은 취업처를 알 수 있다.

② 이력서

  조리직종의 이력서는 대기업의 경우 홈페이지에서 직접 작성하거나 업로드시키는 경우가 많고, 중소기업은 이메일로 보내는 경우가 많다.

특별한 작성요령은 없고 사실에 근거하여 쓰는 것이 중요하다.

③ 자소서

자기소개서 또한 꾸밈없이 있는 사실과 생각하고 있는 것을 간결하게 쓴다. 일반 사무직을 지원하는 것이 아니므로 자소서는 크게 영향을 미치지 않는다.

④ 면접

가장 중요하다. 조리업무가 고되기 때문에, 얼마나 인내심이 있으며, 근태를 성실하게 이행할 수 있는지, 지시를 잘 순응하고 따를 수 있는지의 여부가 관건이다. 따라서, 모든 질문에서 성실함과 인내를 피력할 수 있도록 한다. 여기에 적극적인 모습을 보이면 더욱 좋은 결과를 기대할 수 있다.

Tip

호텔조리과 이력서와 자소서 관련 Tip!

조리과의 특성상 기능직을 보는 이력서와 자소서의 경우 '진솔함'이 중요합니다. 보통 취업지도는 대기업을 기준으로 지도하게 되어 있지만, 제 경험으로는 학생들의 기능에 조금 더 초점을 맞추는 것이 맞는다는 생각이 들었습니다. 조리학과 취업지도를 할 때 학생들이 했던 질문 몇 가지입니다.

① 서비스 경력만 있는데 어떡하죠?

    조리팀의 경우 이직률이 높습니다. 그래서 어느 직무를 담당했다는 것에 중요도를 갖고 이력서를 작성하기보다는 오랜 기간 근무한 경력을 작성하는 것이 학생의 성실성을 드러내기 좋습니다.

② 희망연봉에 뭐라 적죠?

    질문의 답은 어느 회사에 근무할지를 고려하면 좋습니다.

    – 호텔이나 대기업의 경우 경력직이 아닌 이상은 '회사 내규에 따름'이라고 적습니다. 이는 회사에서 인재를 뽑으면 지급될 월급이 이미 정해져 있기 때문입니다.

    – 가맹점이나 개인업장

    근무환경이 다른 것을 잘 파악해야 합니다. 주6일 수당이 급여에 포함될 수도 있고 근무시간이 8시간 이상 오버타임이 몇 시간 포함이라는 조항이 계약서에 있습니다.

    또는 주방에서 음식을 제공한다는 이유로 월급을 높게 책정하고 월 20만 원 정도를 제하는 예도 있습니다. 이러한 상황이 있기 때문에 개인 업장과 가맹점에 취업할 경우 신중하게 상황을 고려하거나 면접에서 희망연봉을 제시하는 것이 나은 경우가 있습니다.

③ 성적이 낮은데 어떡하죠?

    – 보통 취업지도 시 대학에서 3.0 이상의 교과 성적을 받는 것을 추천하며, 취업지도를 하다 보면 학생들의 학점까지 함께 신경 쓰며 지도하게 된 이유입니다.

    학점은 공부의 양을 보는 것이 아닌 평소 생활의 성실성을 보여주는 항목이기 때문입니다.

    학생들이 더러는 거짓을 기재하는 경우도 있습니다. 이력서 양식에서 거짓을 기재하면 절대 안 됩니다.

－ 요즘은 미슐랭 레스토랑에 취업하고자 하는 학생들이 많습니다. 국내 대학을 졸업한 학생들은 많은 대회를 나가보라고 지도합니다. 실제 해외 요리대학 졸업자를 선호하는 경우가 높지만 현재의 상황에서 이러한 핸디캡을 보안하기 위해 요리대회 입상경력이 중요 변수가 될 수도 있습니다.

④ 10년 후…에 질문에 어떻게 적어요.

－ 조리팀은 한 명의 뛰어난 능력으로 운영되지 않습니다. 그래서 '총주 방장이 되겠습니다.'보다는 '후배들에게 본보기가 되는 선배가 되고 싶습니다.' 등과 같이 '함께'의 의미를 더하는 것이 좋습니다.

[면접]

• 대기업 면접과 달리 기능직을 수행하는 조리과 학생들에게 겉치장에 신경 쓰기보다는 솔직하게 마음을 다하는 것이 중요합니다.

• 잘 모르는 질문을 받았을 때, 모르는 것을 모른다고 빠르게 인정하고 발전 가능성을 보여주도록 합니다. 조리팀은 돌발상황이 많습니다. 면접에서는 돌발상황에 그 사람이 어떻게 대처하나를 가상 시뮬레이션한다고 생각하면 됩니다. 모르는 질문에 거짓으로 대처하거나 우물쭈물하게 된다면 돌발상황에서의 면접자의 성향이 그대로 나온다고 판단하기 때문입니다.

• 또한, 성실함과 굳은 의지를 보이기 위해 '할 수 있다'라는 말과 '좋아한다'라는 말을 하는 것이 긍정적인 메시지를 줄 수 있습니다.

• 말재주가 없다고 해서 움츠러들지 않는 것이 중요합니다. 면접 때 1분 자기소개는 꼭 외우기를 권합니다. 면접 대부분이 자기소개부터 시작하게 됩니다. 학생은 대부분 자기소개를 활자로 적어보기만 하고 입으로 연습을 하지 않습니다. 글자의 띄어쓰기와 음성의 띄어쓰기는 다르기 때문에 꼭 연습하는 것이 좋습니다. 또한 글을 읽어 나가는 듯 딱딱한 억양보다는, 자연스러운 표정과 부드러운 동작으로 이야기하는 것이 더욱 신뢰감을 줄 수 있습니다.

(2) 유형별 직무특성

내 주변에 있던 사람들이 걸어가는 것을 보면서 느낀 직무특성을 살펴보면 다음과 같다.

- 호텔조리사

죽어도 호텔만 고집하던 학생들은 반드시 가고야 만다. 그리고는 살아남기 위해서 하루 10시간 넘게 숨차게 일하고 있다. 겉에서 보는 것과 다르게 말단 조리사들에게 호텔에서의 업무량과 강도는 과중하다고 할 수 있다. 원가절감을 위해 책임자들이 인건비부터 줄여서 나타난 현상이다. 특급호텔이 특히 일이 많고, 1급 호텔도 인력부족은 마찬가지이다. 비즈니스호텔은 업무량이 다소 적으나, 메뉴가 단순하여 일을 배우려고 하는 이들에게는 그다지 좋은 기회가 아닌 듯싶다. 규모가 큰 호텔은 조리업무도 세분화되어 있기 때문에 조리업무를 파악하는 데 최소한 10년 이상의 시간이 필요하다. 따라서 급히 빠르게 기술을 배울 생각을 하는 사람과, 젊은 시절에 창업을 하고 싶은 사람들에게는 호텔을 권하지 않는다. 평생 안정된 직업으로 꾸준하게 일할 사람들에게 적합하다.

- 대기업 외식사업부

국내 굴지의 대기업 외식사업부는 신세계, LG, CJ, 이랜드, 현대그린푸드, 롯데GRS 등이 대표적이다. 이외 중견기업이나 중소기업들도 다수 있다. 유사한 것은 기업마다 다수의 다양한 브랜드를 가지고 있는데, 그 브랜드마다 본부장이 있고, 각 브랜드별 업장마다 점장과 매니저가 있다. 그 점장은 마케팅에 민감하게 반응하며, 주방 매니저는 메뉴에, 홀 매니저는 고객에게, 모두는 매출과 원가관리에 신경 쓰지 않으면 안 된다. 최근 대기업에서 직원들의 수당을 지급하지 않은 것이 문제가 되어 매스컴에서 크게 다룬 적이 있다. 직원들의 근무시간을 줄여서 수당을 신청하거나, 야근을 시키고도 야근수당을 아예 신청하지 않기도 하였다. 사실 그 당시 걸렸던 기업만 그런 것이 아니라 상당수의 다른 기업에서도 유사한 일들이 비일비재하였었다. 그 가장 큰 이유는 점장이나 매니저들의 실적 때문이었다. 예를 들어 점심 장사는 잘되었는데, 저녁 매출이 신통치 않은 경우, 아침에 출근한 직원을 저녁때까지 근무를 시켰는데, 저녁 매출이 좋지 않으면, 점장 입장에서는 야근수당을 신청하기가 곤란해진다. 그럼에도 불구하고 소신껏 신청해서 직원들에게 돌아갈 수당을 모두 챙겨준다면, 영업장 월말결산에서 매출 대비 지출이 많은 무능한 점장이 될 수 있기 때문이다. 그렇게 누적된 금액이 차차 많아지면서, 직원들의 불만이 쌓이고, 이직률도 높아지며, 남은 직원은 더욱 고된 업무량에 시달리게 된다. 이러한 악순환에서 터질 것이 터져버렸다. 그 당시 알바했던 학생들의 말에 의하면, 그동안 미지급되었던 수당으로 갑자기 통장에 몇 십만 원 이상씩 입금이 되었었다고 한다. 즉 대기업 외식사업부는 모든 것이 매뉴얼화되었고, 재료도 반가공 상태라서 업무가 대체로 단순하지만, 시스템상 다른 어려움들이 있는 것이다. 장기간 근무 후 대기업에서 근무했었다는 경력이 높게 평가되기도 하고, 본인이 잘 견디면 평생직장으로도 가능한 곳이다.

- 단체급식조리사

대량조리를 하기 위해 다량의 식재료를 손질하고 조리하는 데 있어서, 육체적인 강한 노동력을 요구한다. 그러면서도 섬세한 맛과 모양을 요구하고 있어 쉽지만은 않지만, 나름대로 매력이 있는 분야이다. 대기업 계열의 단체급식은 호텔보다 급여가 높으나 업무의 난이도는 급식 현장마다 상이하다. 대량으로 식재료를 취급하고 조리하는 것에 대한 매력을 느낀다면 단체급식조리사를 추천하고 싶다. 최근에는 중동이나 중국 등지에 파견근무를 보내주기도 하여, 외국 생활의 기회를 갖게 될 수도 있다. 점심식사만 하는 곳이라면 고정적인 정시 조기퇴근이 가능하기도 하다.

　- 프랜차이즈

회사 전체가 매뉴얼로 움직이며, 1차 가공한 식재료를 단순한 조리법으로 만들어내는 업무라서 싫증나기가 쉽다. 하지만 아무리 단순해도 정성껏 하지 않으면 맛이 나지 않기에, 그러한 부분은 주의하면서 일을 해야 한다. 추후 매니저를 거쳐 점장이나 점주가 되겠다는 마음으로 접근하는 것이 좋다. 의외로 열심히 살아남은 젊은 매니저나 점장들이 많이 있다.

　- 개인 레스토랑

전에는 기초적인 육수, 소스 등을 직접 만들어 사용하는 것이 매력이었는데, 요즘은 좋은 원액가공제품들이 다양하게 출시되었고, 맛도 좋아 사용하는 업체가 증가하고 있다. 강한 향신료, 소스들을 그대로 사용하기도 하고, 희석시키거나 다른 재료와 혼합하여 사용하기도 한다. 그러한 상황에 잘 적응하여 더 좋은 맛을 내기 위해 노력하면서 살아남는다. 즉 업장별로 메뉴가 달라 그 특성을 빨리 파악하도록 하는 것이 좋다. 조리장의 영향에 따라 업무의 깊이와 수준이 다르기 때문에, 본인의 조건과 맞아 장기 근무하는 경우도 있지만, 비교적 이직률이 높은 편이다. 또한 다른 곳에 가서 또 다른 기술을 익히고자 옮겨 다니는 젊은이들이 많은 것을 볼 수 있다.

‒ 카페

요리하는 것이 어렵고 힘들다고 주방이 아닌 카페로 옮기는 경우가 많은데, 음료가 좋아서 간 경우가 아니면 대부분 후회하게 된다. 카페가 보기에는 좋을지 모르나, 업무 강도가 주방 못지않게 강하기 때문에 역시 노동집약적인 업종이다. 하지만 주방보다는 여름에 시원하고 겨울에 따뜻하니 살아남기가 더 용이하기는 하다. 단순히 음료만을 하는 예도 있으나, 제과류 또는 브런치 메뉴를 동시에 취급하는 경우 업무의 양이 늘어날 수도 있다. 그리고 진상손님들의 지랄 떠는 것은 다 받아줘야 한다. 최근 어떤 이기적인 엄마가 머그잔을 달라고 하더니, 자기 아이 소변을 받아놓고 간 사례도 있고, 테이블에서 아기의 기저귀를 갈아버리고 가는 경우도 있다. 이러한 것들을 감당할 수 있겠는지 묻고 싶다.

‒ 개업

졸업 후 또는 짧은 시간 주방 경험을 바탕으로 개업하는 경우는, 대부분 그 부모들이 외식사업체를 운영하는 경우가 많다. 어릴 때부터 식당의 분위기를 알고 업무나 고객특성을 잘 알고 있는 경우, 개업에 크게 어려움이나 문제는 없다. 다만, 그런 경험이 없는 졸업생의 경우에는 희망하는 업종에서 다년간 경력을 쌓으며, 조리보다는 홀에서 영업하는 방식과 고객 응대법을 익히도록 권면하고 싶다.

– 학원 강사

수강생들 앞에서 멋지게 설명하고 시연하는 것은 좋아 보이나, 보이는 것이 다가 아니라는 것은 누구나 알고 있다. 학원 청소부터, 식재료 발주·관리, 수강생 관리, 강의 등 전반적인 것을 하다 보면, 하루 근무 시간이 몇 시간이었는지도 모르게 하루가 빨리 지나간다. 그에 비해 인건비는 그다지 높지 못한 현실이라서, 본인이 원장이 되지 않는 한 오래도록 살아남기가 어렵다. 따라서 한번 경험상 해보거나, 나중에 학원을 운영할 계획이 아니면 별로 권하지 않는다. 그렇게 설명해 줘도 가는 학생은 꼭 가서 하고야 만다. 그리고 1년 안에…ㅋㅋ

– 고등학교 교사

4년제 대학에서 교직과목을 이수하고 사립고 조리관련 학과에 가거나, 중등교원 임용고시를 통해 국공립고교에서 근무할 수 있다. 아니면 산업체 경력이 우수한 경우 사립고에서 특채로 채용하기도 한다. 학생들에게 조리 활용법을 가르치고, 진로를 고민해 주며, 각종 요리경연대회에 참가하도록 연습해 주는 등 챙겨야 할 것이 많은 것은 대부분 알고 있다. 어떤 사립고에서는 자기 할 일을 다 하고 나서, 날마다 빵을 구워 학교홍보를 하거나, 높은 분들에게 드리는 것이 자기의 생존전략으로 통한다는 이야기를 들을 적이 있다. 그러나 그것은 일부의 학교이고, 공립학교의 경우는 교과와 학생관리 및 지도에 만전을 기할 수 있다. 좋은 선생님이 될지, 못된 꼰대가 될지는 본인이 정하면 된다.

– 대학교수

요즘 젊은이들이 많이 꿈꾸는 직업이다. 조리사로서 경력을 쌓으며 틈틈이 공부하여 대학원에서 학위를 따서 교수가 되겠다고 공언하는 학생들이 늘고 있다. 하긴 실기와 이론을 겸비한 교수 1세대들이 이미 정년퇴임을 시작했으니, 전국적으로 조리과 교수 자리가 많아질 전망이기는 하다. 하지만 고교 졸업생들이 줄고 있어, 대학의 재정이 어려워지고 있으며, 지방대부터 문을 닫게 되는 대학이 생겨날 것이라는 추측이 난무한 가운데, 안정된 교수 자리가 얼마나 있을지는 미지수일뿐더러, 대학의 근무환경이 전과 같이 않아, 살아남기에 그다지 매력적이지 못하다고 말할 수 있다. 또한, 월급여가 지방대의 경우 현장에서의 급여보다 낮을 수도 있으나, 마음의 급여는 풍부하다고 할 수 있다. 그래도 교수라는 직업이 사회적으로 인정을 받고 본인의 만족도도 높아질 수 있는 직업임에는 틀림이 없다. 전문대학은 학위와 더불어 대기업이나 호텔 등의 산업체 경력이 필요하다. 전공관련 실습과목이 많아 산업체 경력자들을 선호하기 때문이다.

- 중도 포기하고 타 업종으로 전환
  • 조리사를 하다가 포기하고 미용을 배워 미용실에서 내 머리 감겨주던 졸업생
  • 학업 중에 네일아트 아르바이트를 하다가 맘에 들어서 직업으로 정한 졸업생
  • 조리를 포기하고 간호조무사학원에 다녀 동네 전문병원에서 일하다 내게 엉덩이 주사 놔주던 졸업생
  • 보험 한다고 인사하러 온 졸업생
  • 수입차 전문딜러를 하겠다는 졸업생
  • 옷 장사를 한다는 졸업생

- 경찰, 공무원시험을 준비하는 졸업생
- 부모님의 사업장 일을 도우면서 가업을 승계하겠다는 졸업생.…
  등등…

조리를 통해 자기의 갈 길을 새로이 찾은 것으로 생각하여 다행이라는 생각이 들고, 거기에서라도 잘 살아남기를 기대한다.

- 겸임교수 내지는 시간강사

산업체 근무를 하면서 자기 휴무일에 맞추어 학교에 강의하러 오는 경우도 많다. 물론 교수 자리가 있으면 가고 싶어 하는 예도 있지만, 상당수, 자기 직장에 만족하면서 강의를 통해 자아실현을 이룬다. 지극히 바람직하고 좋아 보이지만, 쉬어야 하는 날을 가족과 함께 보내지 못하는 데미지를 입는다. 물론 얼마 안 되는 강사비라도 살림에 도움은 된다고 한다. 그래도 살아남기 위한 방법의 하나임에는 틀림이 없다. 모교에서 시간강사라도 하는 것이 기쁨에 겨워, 자기 일도 바쁠 텐데 방학 때도 틈만 나면 나와서 강의 준비를 하는 졸업생을 보면서, 무슨 일이든 살아남기 위해서는 그 일이 즐거워야 한다는 것을 새삼 다시 느끼게 된다. 날마다 주방에서 근무하다가 캠퍼스에서 젊은 학생들을 볼 기회를 갖게 되면, 사는 데 환기가 되는 듯한 느낌을 받는다. 개인적으로는 자기 사업을 어느 정도 궤도에 올려놓고, 경제적으로도 여유 있게 겸임교수로서 주 1~2회 정도 학교에 나와 강의하며 생활하는 사람이 제일 부럽기도 하다.

첫 직장을 대기업 또는 호텔을 추천하는 이유는 이후 학생들의 진로 때문입니다.

대기업 대부분은 반조리 제품을 사용하는 것이 사실이지만 이보다 더 득이 되는 것은 위생 관련 프로세스와 다양한 직무교육입니다. 메뉴개 발이나 이후 교수직을 희망하는 학생들에겐 대기업과 호텔을 추천합 니다.

3. 진학하기

요즈음

TV 등을 통한 매체 프로그램에서 먹방과 스타 셰프들이 많이 나와 '조리사'라는 직업이 주목을 받고 있다.

그래서 초등학생이나 중학생 때부터 관심을 갖는 경우가 많다.

그래서 조리사가 되려면 고등학교부터 해야 할지, 대학으로 꼭 가야만 하는 것인지 판단하기 어렵게 되었다.

모로 가도 서울로 가면 된다고 하지만 좀 더 효율적으로 살기를 원한다면, 다음의 설명과 장단점을 잘 비교하여 판단해 보도록 한다.

우선, 고등학교나 대학교에서 학과 이름이 조리과로 되어 있는 경우와 외식경영, 외식산업과 등으로 되어 있는 경우도 있는데, 조리과는 조리기술 위주로 이론과 실습을 교육하는 곳이고, 외식과는 조리기술보다는 홀에서 서비스하는 데 필요한 식음료 과목 위주로 시작하여, 나중에 경영에 필요한 마케팅, 원가관리 등 영업에 관련된 과목에 비중을 높이 두고 있는 곳임을 명심할 것.

즉 식음료 서비스로 갈 것인가, 아니면 주방 조리사로 갈 것인가에 따라 학과가 달라진다는 것에 유념하시기 바람.

하지만 조리과를 졸업하고 서비스나 카페에 취업하는 경우도 있고, 외식과를 나와서 조리사가 되는 경우도 많으니, 공부하는 내용을 보고 판단하시기 바람.

외식조리 역시 조리과로 인정되며, 호텔조리, 외식조리, 식품조리, 영양조리, 조리예술, 국제요리 등 다양한 학과명이 있으나, 모두 교육과정은 유사하게 편성되어 있음.

조리과에서 보통은 제과, 제빵과목까지 수업하고 있으며, 별도로 제과, 제빵에 관한 학과를 설치한 곳도 있다.

학과명	주요 과목	주요 취업처
호텔조리(학)과, 외식조리(학)과 식품조리(학)과, 조리과학과	한식, 양식, 일식, 중식, 제과제빵 등의 이론 및 체계적인 단계별 실습	호텔 및 레스토랑 주방에서 조리 업무 담당. 일부는 홀서비스
외식경영(학)과 외식산업(학)과	외식경영, 외식마케팅, 식음료서비스, 바리스타실습, 와인실습, 기초조리실습	식음료서비스(홀서비스 또는 음료담당), 일부는 주방. 카페, 주점.
제과제빵(학)과	기초조리실습, 식품관련 이론, 제과제빵, 디저트, 케이크 데커레이션 등의 단계별 실습	호텔 및 대기업 제과, 제빵 업무. 대규모 제과공장, 제빵공장, 개인 제과점

1) 고등학교 조리과에 진학하기

(1) 특성화 고등학교 조리과

3년간 조리와 식품에 관련된 이론과 조리실습을 골고루 시켜주며, 최근에는 4년제 조리과 졸업생들이나, 조리 실무자들이 실습을 담당하는 교사로 많이 임용되고 있어, 교육의 수준이 괜찮은 편임. 다만, 너무 어린 나이에 교양이나 인성에 대한 부분보다 기술이 강조되다 보니, 자칫 기본적인 인문학 소양이 부족할 수도 있음.

하지만 중학교 때 비교적 우수한 학생들이 조리과 고등학교에 진학하고 있어, 막상 고등학교 졸업 후 취업보다는 진학을 선택하는 경우가 많으며, 이들이 대학에 진학할 경우 비슷한 교육과정을 다시 받는 것에 대한 회의감으로 학업에 충실하지 못한 경우도 있다.

나에게 중학생 학부형이 조리과 고교진학 문의를 할 경우, 특성화 고등학교보다는 인문계 고등학교에 진학하여 영어와 인문학을 좀 더 공부하는 것이, 조리사로서 롱런하는 데 더 유리하며, 조리과 진학은 그 이후에 하는 것이 바람직하다고 답변하고 있음. 그것은 특성화 고등학교 조리과 진학을 반대하거나 무시하는 것이 아니라, 대학에서 기초부터 가르쳐주고 있어서, 조리과 고등학교 교육의 질이 우수하기는 하지만, 내 자식 같으면 그리 지도하겠다는 전적으로 지극히 개인적인 소견이다.

(2) 산업정보학교 조리과

인문계 고등학생 중에서 취업을 희망하는 학생들을 모아 위탁교육 형식으로 운영하는 학교다.

즉 원래의 학적은 그대로 두고 고등학교 3학년 과정 1년 동안만 산업정보학교에 위탁교육으로 맡겨지는 것이다.

따라서, 소속 학교는 원래 다니던 인문계 고등학교로 되어 있으며, 전학이 아닌 위탁교육이기 때문에 졸업장도 원래 소속 고등학교 졸업장으로 받게 된다.

공립고등학교로 운영하지만, 소속은 기존의 학교로 되어 있고, 원래 자기 학교 교복을 입고 등하교를 하며, 고3 과정을 한식, 양식조리관련 과목 위주로 가르쳐 취업으로 연계시켜 주는 학교이다.

서울에는 아현산업정보학교, 서울산업정보학교, 종로산업정보학교, 인천에는 인천산업정보학교 등이 있으며, 광주, 대구, 대전, 부산 등에 하나 정도씩 있는 것으로 알려져 있다. 실제로 취업을 하는 경우도 많지만, 최근 진학하는 경우가 많아지고 있으며, 경우에 따라서는 대학과의 협약을 통해 취업과 진학을 동시에 진행하는 경우도 있다.

고교 2학년 때 지원이 가능하므로 각 지역 산업정보학교를 찾아보기 바란다.

산업정보학교가 인근에 없거나 여의치 않을 경우 가까운 요리학원으로 위탁교육을 보내기도 한다. 물론 교육청의 허가와 지원을 받는 것으로 알고 있다.

2) 전문대학 조리과 진학하기

전국 160여 개의 전문대학 중 100여 개 이상의 전문대학교에서 조리나 외식관련 학과를 운영하고 있다.

2년 또는 3년간 교육과정의 50% 이상을 실습으로 진행하고 있으며, 전문조리인 양성을 목표로 기초조리 이론과 실습을 집중적으로 지도하고 있다.

한식, 양식을 중심으로 하고, 일식, 중식, 제과, 제빵실습까지도 단계적으로 실시하고 있다.

입시전형 방법은 다양하나 대학마다 다르니 각 대학 홈피에서 입시 정보를 얻도록 한다.

수시모집 비율이 비교적 높으며, 최근 자격증 전형, 요리대회 전형, 자기 추천자 면접 등으로도 선발하고 있다.

조리사가 되기 위해서 가장 바람직한 방법이며, 졸업까지 최소한 한두 개의 조리자격증을 취득하게 되고, 취업할 곳은 많아서 학생들이 골라서 갈 수도 있으나, 공급이 많다 보니 근무여건이나 급여가 높은 곳이 그다지 많지 않은 것이 현실이다.

3) 4년제 대학교 조리과 진학(편입)하기

(1) 신입학

1~2학년에는 교양과목 위주로 공부를 하고, 전공과목은 한 학기에 개론적인 과목 한두 개 정도를 수강하게 된다.

3~4학년에 전공과목을 위주로 하게 되지만, 4년제 대학 특성상 부전공, 내지는 복수전공 선택으로 인하여, 전공과목에 대한 실습시간이 전문대학의 절반도 안 되는 실정이다.

4년제 대학에서는 조리실습보다는 식음료 서비스와 외식경영이나 마케팅 등에 좀 더 중점을 두고 교육을 하기 때문이다.

그래서 조리기능이 전문대 졸업생보다 떨어지는 경향이 있고, 취업해도 전문대 졸업생들이 취업했던 곳으로 가서 같은 대우를 받게 되는데, 자기와 같은 학번인 전문대 졸업생이 이미 2년 선배로 되어 있어 딜레마에 빠지는 경우가 있다.

따라서 고교를 졸업할 때는 우수한 자원들이 대학교에 입학한 후에 많은 갈등을 겪게 되는데, 여기서 벗어나고자 학생들 각자가 복수전공이나 부전공을 이용하여 틈새시장을 만들고 있다. 예를 들어 조리과 학생이 신문방송학과를 부전공으로 하여 조리 전문기자가 되겠다고 하거나, 도예과를 복수전공으로 하여 식당에 맞는 그릇을 맞춰주는 일을 해보겠다는 등, 나름대로 창의적인 길을 만들어가는데, 새로이 개척하는 것이라 많은 어려움이 따르고 있다.

또한 졸업 후 조리사로 취업을 해서도, 단순기능직을 벗어나, 경영적인 마인드를 가지고 근무하며, 점장 등 경영자나 책임자로서의 일을 이해하고, 추후 매니저나 경영인이 되겠다는 거시적인 생각을 가진 경우가 많다.

(2) 편입학

일반편입은 영어성적을 요구하기에 전문대 졸업생이 지원하기엔 어려움이 있을 수 있다. 하지만 '학사편입'의 경우 영어합격선이나 경쟁률이 낮아 용이한 편이다. 하지만 학사편입의 조건은 4년제 학위보유자이다. 전문대 심화과정이나 학점은행제 등을 통해 학사학위를 취득한 후에 가능하지만, 막상 거기까지 이르면, 바로 대학원으로 진학하게 되는 경우가 많다.

2년제 전문대 졸업생들이 경희, 세종, 경기대학교 등에 일반편입을 하겠다고 하는데, 편입하려면 학점과 영어실력이 좋아야 하고, 만약 편입에 성공한다 하더라도 기존의 학생들을 따라가기가 매우 버거운 상태이다.

그렇게 어렵게 졸업을 한다 해도 취업의 문제에 있어서는 앞서 언급한 대우문제에 부딪혀 후회 내지는 멘붕상태에 이를 수 있다.

전문대 학생들에게 가장 좋은 선택은 자기 모교의 전공심화과정이라고 할 수 있는데, 이미 잘 알고 있는 교수님들이 학생들의 처지와 형편을 가장 잘 이해해 주기 때문이다.

사이버대학이나 방송대는 새로운 교수님들과 새로운 규칙들이 생각보다 엄해서, 얼핏 쉬워 보이지만, 과정을 끝까지 이수하기가 만만치 않다.

4) 직업전문학교 진학하기

직업전문학교는 인터넷이나 광고 등을 통해 상당히 강하게 광고를 하고 있다.

직업전문학교는 교육부에 속한 공공기관이나 고등교육기관이 아니고, 요리학원 등 사설학원과 유사한 기관이다.

이것은 고용노동부에 속한 학원급 직업학교로서, 학점은행제를 통해 학위취득이 가능한 곳이다.

따라서 고등학교 졸업생은 성적과 관계없이 입학이 가능하며, 정규전문대학교나 4년제 대학교와는 전혀 다른 기관임을 명심해야 한다.

간혹, 고등학생들이나 학부모들이, 정규대학으로 잘못 인지하여 입학하는 경우가 많은데, 막상 모르고 진학했다가 나중에 중도 포기하는 경우가 많다고 한다.

다시 말하지만, 정규대학교가 아님을 확실히 이해해야 하며, 재취업 과정이나 요리를 뒤늦게 배우는 사람들에게 정규대학보다는 학위를 손쉽게 취득할 수 있는 아주 유익한 사설직업교육기관이라 할 수 있다. 이곳에서도 전문학사 또는 4년제 학사학위 취득이 가능하다.

직업전문학교의 경우, 학과관련 자격증이 학점으로 인정되기도 하며, 일반대학을 이수한 학생보다 다수의 자격증을 보유하는 경우가 많다. 또한 학교의 네임 밸류를 높이기 위해 대회에 치중하는 경우가 많아, 다양한 대회를 경험하는 기회가 있을 수 있다.

5) 사이버대학 진학(편입)하기

경희, 세종사이버대학 등에 관련 학과가 있으며, 인터넷 강의로 수업과 시험을 진행하고 있다.

편한 시간에 강의를 들을 수 있고 시험도 컴퓨터로 진행되기 때문에 쉬울 것 같으나, 시험시간이 짧아 막상 교재를 들쳐보다가는 시험을 망치는 경우가 많다고 한다.

그렇게 시험을 보고 나면 막상 좋은 학점을 기대하기가 어렵고, 학기당 수업료는 2백만 원 이하로 오프라인 대학보다는 다소 저렴하며, 수강이 쉬운 장점이 있지만, 평가가 생각보다 까다로운 경우가 있다. 인터넷으로 하다 보니 사소한 실수도 인정되지 않고 있는 그대로 평가되니 명심해야 한다. 즉 인간적이지 못하다는 말씀이다.

하지만 이것이 체질에 맞는 사람도 있으니, 본인의 기질과 상황을 잘 판단해서 선택하기 바란다.

다음은 한 학생의 경험담이다. 잘 새겨듣길.

"교수님, 사이버대학이 어쩜 일반대학보다 더 힘들어요. 한 학기 21학점 기준(취업했을 경우) 평균 하루에 3시간 이상 되는 시간을 꾸준히 투자해야 하고, 시험날짜와 기간에 맞춰 사이버 시험을 봐야 합니다(스케줄 맞추기가 힘듦). 하지만 오프라인 모임이 탄탄하게 구축되어 있어 온오프 스터디 모임도 가능합니다. 사실, 저는 처음 K사이버대 수석으로 들어갔다가 시험스케줄 못 빼서 졸업 못했거든요."

6) 방송대학교 진학(편입)하기

국립대학교 중 유일한 온라인 대학으로서 직장인들에게 인기가 높다.

학기당 수십만 원 정도의 학비로 가장 저렴하고, 인터넷 강의로 수강하고 시험을 보긴 하지만, 오프라인 수업과 시험도 있어 반드시 시간을 내야 하는 경우가 있다.

쉬운 듯하지만, 매년 입학하는 학생 숫자보다 졸업하는 학생의 수는 상당히 적다는 것에 유념하기 바라고, 입학은 쉽지만, 졸업은 생각보다 어려움을 각오해야 한다.

7) 전공심화과정(3~4학년 학사학위과정)

전문대학 졸업생들을 위해 일부 전문대학에서 개설한 학사학위과정이다. 야간으로 하는 경우보다는 전일제 혹은 주간 수업으로 주 1~2일간의 주휴를 통하여 수강할 수 있다.

기존의 전문학사 과정에서 지도해 주시던 교수님들이라서, 익숙해져 있고 또한 인간적으로 친밀감이 높아지는 기회로 이용됨. 특히 제자들에게 각별하셔서 나름대로 사정을 잘 이해해 주시고, 수업시간에도 꼭 필요한 내용을 잘 전달해 주신다.

물론 졸업하면 대학원에서 석사, 박사과정에 진학할 수 있어서, 전문대학교 졸업생들에게 취업과 진학을 할 때 가장 유익한 방법이라고 추천하고 있다.

8) 폴리텍대학

폴리텍대학(Polytechnics)은 호주, 영국, 독일, 싱가포르 등 세계적으로 '종합기술전문학교'라는 뜻으로 통용되며, 한국폴리텍대학(Korea Polytechnics)은 새로운 직업교육 패러다임과 미래지향적이며 역동적인 이미지, 한국을 대표하는 직업교육훈련기관이라는 개혁의지를 담고 있다.

국가에서 운영하는 직업학교로서 전에는 기능대학이라고 부르다가 현재는 한국폴리텍대학으로 바뀌었다. 2년제 학위과정(학점은행), 비학위직업훈련과정, 실업자과정, 재직자과정 등 다양한 과정이 있다. 국비지원으로 저렴한 학비 또는 무료를 강점으로 하며, 전국적으로 캠퍼스가 조성되어 있고, 캠퍼스마다 전공분야가 상이하니, 한국폴리텍대학 홈페이지에서 전국캠퍼스안내를 받아보는 것이 좋다.
(인천광역시 부평구 무네미로 478, TEL : 032-650-6780)

학위(학력) 과정

비학위직업훈련 과정

실업자 과정

재직자 과정

교육훈련 과정

▌전국 폴리텍대학 캠퍼스 현황▐

대학(캠퍼스)명		소재지
한국폴리텍 I 대학 02-2001-4189	서울 정수	서울 용산구 보광로 73
	서울 강서	서울 강서구 우장산로 10길 112
	성남	경기 성남시 수정구 수정로 398
	제주	제주시 산천단동로 3길2
	융합기술교육원	성남시 분당구 황새울로 329번길 5
한국폴리텍 II대학 032-510-2301	인천	인천 부평구 무네미로 448번길 56
	안성	경기 안성시 공도읍 송원길 41-12
	남인천	인천 남구 염전로 333번길 23
	화성	경기 화성시 팔탄면 제암고주로 108
한국폴리텍 III대학 033-260-7656	춘천	강원 춘천시 동산면 영서로 1290-31
	원주	강원 원주시 북원로 2425번길 73
	강릉	강원 강릉시 남산초교길 121
한국폴리텍 IV대학 042-670-0587	대전	대전 동구 우암로 352-21
	청주	충북 청주시 흥덕구 산단로 54
	아산	충남 아산시 신창면 행목로 45
	홍성	충남 홍성군 홍성읍 충서로 1200
	충주	충북 충주시 국원대로 548
한국폴리텍 V대학 062-519-7022	광주	광주 북구 운암동 하서로 85
	김제	전북 김제시 백학제길 154
	목포	전남 무안군 청계면 영산로 1854-16
	익산	전북 익산시 선화로 579
	순천	전남 순천시 기적의도서관1길 41
한국폴리텍 VI대학 053-560-3126	대구	대구 서구 국채보상로 43길 15
	구미	경북 구미시 수출대로 3길 84
	달성	대구 달성군 논공읍 논공로 226
	포항	경북 포항시 남구 호동로 162
	영주	경북 영주시 가흥로 2
한국폴리텍 VII대학 055-279-1722	창원	경남 창원시 성산구 외동반림로 51-88
	부산	부산 북구 만덕대로 155번길 99
	울산	울산 중구 산전길 155
	동부산	부산 기장군 정관면 산단4로 2-69
	진주	경남 진주시 모덕로 299번지
한국폴리텍 특성화대학 041-746-7325	바이오	충남 논산시 강경읍 동안로112번길48
	섬유패션	대구 동구 팔공로 222
	항공	경남 사천시 대학길 46번지
	신기술 교육원	전북 전주시 덕진구 유상로 20

9) 서울시 기술교육원

- 교육목표

글로벌 기술인재를 육성하여 서울산업 경제 활성화에 기여하고, 지역 커뮤니티와의 동반성장을 토대로 세계적 직업교육훈련기관으로의 도약을 목표로 운영하고 있다. 시에서 교육비를 전액 지원하므로, 가정경제가 어려운 경우 강추하며, 학점은행제도 시행하고 있다.

- 자격

정규 1년 과정/교육비 전액 무료(수강료, 실습비 등)/서울시에 주민등록이 되어 있는 15세 이상자

- 기술교육원

- 동부기술교육원 관광조리과: 서울특별시 강동구 고덕로 183, 02-440-5520

- 남부기술교육원 외식조리과: 경기도 군포시 고산로 589(산본동), 031-390-3920

- 중부기술교육원 조리외식과: 서울특별시 용산구 한남대로 136, 02-361-5931

종합적으로 판단하여 볼 때, 우선 실습을 통해 조리기초기술을 많이 배우고 싶으면 전문대학을, 실습보다는 경영이나 마케팅을 많이 배우고 싶으면 4년제 대학을, 대학 졸업장이 아니고 학점은행제로 학력만 인정받으며 조리대회에 많이 나가고 싶으면 직업전문학교를, 인터넷으로 공부하고 싶으면 사이버대학이나 방송대학교에 진학하기를 추천한다.

전문대학 졸업생들은 자기 학교에 전공심화과정이 개설되어 있다면, 그것을 이용하는 것이 여러모로 유익할 것이라 생각한다.

집안의 경제사정이 좋지 못한 경우 서울에서는 기술교육원을, 전국적으로는 폴리텍대학을 알아보도록 권유하고 싶다.

　하지만 각각의 장단점을 종합적으로 잘 비교해 보고, 자신의 상황이나 환경에 가장 잘 맞는 것으로 선택하길 바란다.

　가장 실속 있는 방법은, 취업과 학점은행제이다.

　학점을 학교별로 선택하여 '평생교육진흥원'에 등록해도 되지만, 각 학교에 사회교육원 프로그램 학위이수과정의 경우, 주 1~2일 출석하면 전문대 졸업장이 있을 경우 1년 반 기간에도 졸업을 할 수 있다. 보통 사회교육원은 3학기제나 4학기제로 운영되어 1년에 최대 48학점까지도 이수할 수 있다. 전문대 이수학점이 70학점으로 내렸고, 4년제도 120~130학점이므로 대학보다 이수기간이 짧은 장점이 있다.

　또한, 대학에 속한 사회교육원 과정에서는 해당 학교 학위취득학점이 충족되었을 경우, 동문 자격이 주어져 같은 학교 석·박사 진학 시 동문 장학금 혜택을 받을 수 있다.

　고등학교만 졸업하고 취업을 하여 학위는 사이버대학으로 일과 학습을 병행해 가는 것도 효율적이라고 생각한다.

　또한 학점은행제나 전문대를 졸업한 경우에는 우선 취업을 먼저 하고, 사이버대학 편입이나 자기가 졸업한 대학에 전공심화과정을 병행하면, 2년 후, 4년제 대학 졸업장과 더불어 2년 경력이 생기며, 더불어 대학원에 진학도 가능하니, 잘들 생각해 보고 판단하여 선택하도록 한다.

10) 진학자료

(1) 전국 고등학교 조리관련 학과 현황

[서울]

고명경영고등학교

학교주소	서울특별시 성북구 북악산로 870
설립구분	사립
전 화	02-928-8366
홈페이지	http://www.komyung.hs.kr
학생 수	329명(남 244명 / 여 85명)
관련학과	외식경영과

동산정보산업고등학교

학교주소	서울특별시 노원구 공릉로 257
설립구분	사립
전 화	02-971-0231
홈페이지	http://www.seouldongsan.hs.kr
학생 수	1040명(남 363명 / 여 677명)
관련학과	외식조리과

서울관광고등학교

학교주소	서울특별시 강서구 방화대로 34길 13
설립구분	사립
전 화	02-2665-5900
홈페이지	http://www.sab.hs.kr
학생 수	759명(남 485명 / 여 274명)
관련학과	국제조리과

서울항공비즈니스고등학교

학교주소	서울특별시 관악구 은천로 15길 25
설립구분	사립
전 화	02-886-9165
홈페이지	http://www.seoul-tour.hs.kr
학생 수	748명(남 228명 / 여 520명)
관련학과	관광조리코디과

서울컨벤션고등학교

학교주소	서울특별시 강동구 동남로 964
설립구분	사립
전 화	02-3427-7400
홈페이지	http://www.seoul-chs.hs.kr
학생 수	767명(남 320명 / 여 447명)
관련학과	컨벤션 외식조리과

송곡관광고등학교

학교주소	서울특별시 중랑구 양원역로 67
설립구분	사립
전 화	02-432-1837
홈페이지	www.sgi.hs.kr
학생 수	523명(남 0명 / 여 523명)
관련학과	조리과학과

서서울생활과학고등학교

학교주소	서울특별시 구로구 오리로 1355-10
설립구분	사립
전 화	02-2613-5272
홈페이지	http://ssls.hs.kr
학생 수	1,032명(남 439명 / 여 593명)
관련학과	국제조리과학과

서일국제경영고등학교

학교주소	서울특별시 종로구 지봉로 17길 49
설립구분	사립
전 화	02-763-6247
홈페이지	http://www.seo-il.hs.kr
학생 수	265명(남 0명 / 여 265명)
관련학과	외식베이커리과

[경기]

한국조리과학고등학교

학교주소	경기도 시흥시 금오로 640
설립구분	사립
전 화	02-2610-4600
홈페이지	www.kcas.hs.kr
학생 수	733명(남 303명 / 여 430명)
관련학과	

한국외식과학고등학교

학교주소	경기도 양주시 남면 개나리 18길 1
설립구분	사립
전 화	031-863-6126
홈페이지	http://www.kfs.hs.kr
학생 수	345명(남 132명 / 여 213명)
관련학과	

성보경영고등학교

학교주소	경기도 성남시 수정구 논골로 82
설립구분	사립
전 화	031-742-7714
홈페이지	http://seongbo-m.hs.kr
학생 수	1,127명(남 426명 / 여 701명)
관련학과	외식조리경영과

일산고등학교

학교주소	경기도 고양시 일산서구 원일로 53
설립구분	공립
전 화	031-975-2487
홈페이지	http://www.ilsanth.hs.kr
학생 수	819명(남 339명 / 여 480명)
관련학과	조리디자인, 제과제빵

경기관광고등학교

학교주소	경기도 여주군 대신면 여양로 1416
설립구분	사립
전 화	031-882-9196
홈페이지	http://www.gtour.hs.kr
학생 수	332명(남 149명 / 여 183명)
관련학과	관광외식조리

양동고등학교

학교주소	경기도 양평군 양동면 학둔지윗길 47-7
설립구분	사립
전 화	031-773-1032
홈페이지	http://www.yangdong.hs.kr
학생 수	223명(남 113명 / 여 110명)
관련학과	호텔조리과

용인바이오고등학교

학교주소	경기 용인시 처인구 이동면 경기동로 687번길 28-14
설립구분	공립
전 화	031-8097-3540
홈페이지	http://www.yibio.hs.kr
학생 수	201명(남 103명 / 여 98명)
관련학과	바이오식품과

발안바이오과학고등학교

학교주소	경기도 화성시 향남읍 발안로 71
설립구분	공립
전 화	031-352-9512
홈페이지	http://www.bio.hs.kr
학생 수	318명(남 113명 / 여 205명)
관련학과	푸드스타일링과

수원농생명과학고등학교

학교주소	경기도 수원시 장안구 광교산로 13
설립구분	031-259-4300
전 화	공립
홈페이지	http://www.sunong.hs.kr
학생 수	847명(남 497명 / 여 350명)
관련학과	식품생명과학과

경기경영고등학교

학교주소	경기도 부천시 소사구 심곡로 100
설립구분	사립
전 화	032-652-1701
홈페이지	http://gm.hs.kr
학생 수	751명(남 357명 / 여 394명)
관련학과	외식조리과

부천정보산업고등학교

학교주소	경기 부천시 원미구 신상로 94
설립구분	공립
전 화	032-320-1706
홈페이지	http://www.ibucheon.hs.kr
학생 수	875명(남 344명 / 여 531명)
관련학과	호텔외식관광과

영화관광경영고등학교

학교주소	인천광역시 동구 우각로 39
설립구분	사립
전 화	032-764-7920
홈페이지	http://younghwa.icehs.kr
학생 수	804명(남 0명 / 여 804명)
관련학과	외식조리과

인천미래생활고등학교

학교주소	인천광역시 부평구 수변로 165
설립구분	공립
전 화	032-361-3697
홈페이지	http://www.icl.icehs.kr
학생 수	558명(남 0명 / 여 558명)
관련학과	조리과, 바이오식품과

인천산업정보학교

학교주소	인천광역시 동구 금창로 31
설립구분	공립
전 화	032-765-5471
홈페이지	http://sanup.icesc.kr
학생 수	245명(남 132명 / 여 113명)
관련학과	호텔조리과

인천생활과학고등학교

학교주소	인천광역시 연수구 함박뫼로 103
설립구분	공립
전 화	032-822-9252
홈페이지	http://www.ips.icehs.kr
학생 수	696명(남 221명 / 여 475명)
관련학과	조리과학과

인천해양과학고등학교

학교주소	인천광역시 연수구 능허대로 71
설립구분	공립
전 화	032-832-4654
홈페이지	http://mars.icehs.kr
학생 수	525명(남 525명 / 여 0명)
관련학과	식품가공과

[강원]

동광산업과학고등학교

학교주소	강원도 고성군 토성면 백촌길 30-15
설립구분	공립
전 화	033-631-3200
홈페이지	http://dongat.gwe.hs.kr
학생 수	255명(남 161명 / 여 94명)
관련학과	조리과학과

강릉정보공업고등학교

학교주소	강원도 강릉시 주문진읍 학교길 26
설립구분	공립
전 화	033-660-5599
홈페이지	http://git.gwe.hs.kr/
학생 수	353명(남 157명 / 여 196명)
관련학과	식품과학과

[광주]

광주자연과학고등학교

학교주소	광주광역시 북구 능안로 30
설립구분	공립
전 화	062-260-3700
홈페이지	http://www.kns.hs.kr
학생 수	617명(남 224명 / 여 393명)
관련학과	식품과학과, 조리과학과

[대전]

유성생명과학고등학교

학교주소	대전광역시 유성구 월드컵대로 270
설립구분	공립
전 화	042-539-5815
홈페이지	http://ysbsths.djsch.kr/
학생 수	870명(남 424명 / 여 446명)
관련학과	조리·제빵과정

대전생활과학고등학교

학교주소	대전광역시 대덕구 동산초교로 63번길 12
설립구분	사립
전 화	042-629-1300
홈페이지	http://djpshs.djsch.kr
학생 수	691명(남 516명 / 여 175명)
관련학과	바이오케미컬과

[충청]

한국호텔관광고등학교

학교주소	충청북도 단양군 단성면 북상하리길 69
설립구분	공립
전 화	043-422-0669
홈페이지	http://www.hoteltourism.hs.kr
학생 수	191명(남 87명 / 여 104명)
관련학과	호텔외식조리과

병천고등학교

학교주소	충남 천안시 동남구 병천면 충절로 1872
설립구분	공립
전 화	041-561-9671
홈페이지	http://www.bchs.caehs.kr
학생 수	524명(남 156명 / 여 368명)
관련학과	조리과

서산중앙고등학교

학교주소	충청남도 서산시 벌말 1길 23
설립구분	공립
전 화	041-665-2059
홈페이지	http://www.sjh.cnehs.kr
학생 수	762명(남 443명 / 여 319명)
관련학과	바이오식품가공과

증평정보고등학교

학교주소	충북 증평군 증평읍 중앙로 132
설립구분	공립
전 화	043-836-4385
홈페이지	http://www.jpih.hs.kr
학생 수	393명(남 164명 / 여 229명)
관련학과	조리과학

[전라]

전남조리과학고등학교

학교주소	전라남도 곡성군 곡성읍 학교로 71
설립구분	공립
전 화	061-360-2233
홈페이지	http://gokseong.hs.jne.kr
학생 수	230명(남 99명 / 여 131명)
관련학과	

효산고등학교

학교주소	전라남도 순천시 삼산로 104
설립구분	사립
전 화	061-750-9504
홈페이지	http://hyosan.hs.kr
학생 수	647명(남 298명 / 여 349명)
관련학과	관광조리과

장성하이텍22고등학교

학교주소	전라남도 장성군 장성읍 단풍로 72
설립구분	공립
전 화	061-399-5600
홈페이지	http://jangseongv.hs.jne.kr
학생 수	302명(남 190명 / 여 112명)
관련학과	식품가공과

덕암정보고등학교

학교주소	전라북도 김제시 하공로 9
설립구분	사립
전 화	063-544-2205
홈페이지	http://www.deogam.hs.kr
학생 수	596명(남 274명 / 여 322명)
관련학과	조리미용과

남원제일고등학교

학교주소	전라북도 남원시 노송로 1206
설립구분	사립
전 화	063-630-9003
홈페이지	http://www.nfirst.hs.kr
학생 수	316명(남 113명 / 여 203명)
관련학과	외식마케팅과

[경상]

경북조리과학고등학교

학교주소	경상북도 문경시 문경읍 향교길 20
설립구분	공립
전 화	054-572-0300
홈페이지	http://school.gyo6.net/mgtour
학생 수	192명(남 112명 / 여 80명)
관련학과	

경북생활과학고등학교

학교주소	경상북도 구미시 해평면 강동로 1654
설립구분	공립
전 화	054-474-2593
홈페이지	http://school.gyo6.net/gbds
학생 수	378명(남 116명 / 여 262명)
관련학과	조리과

경남관광고등학교

학교주소	경남 창원시 의창구 사림로 29번길 12
설립구분	사립
전 화	055-277-6871
홈페이지	http://www.gntour.hs.kr
학생 수	735명(남 379명 / 여 356명)
관련학과	관광조리과, 호텔제과제빵과

경남산업고등학교

학교주소	경상남도 거제시 하청면 서리 1길 17
설립구분	공립
전 화	055-636-1801
홈페이지	http://gni-h.gne.go.kr
학생 수	717명(남 487명 / 여 230명)
관련학과	외식조리과

삼성생활예술고등학교

학교주소	경상북도 경주시 내남면 이조중앙길 27
설립구분	사립
전 화	054-748-2730
홈페이지	http://beauty-samseong.school.gyo6.net/
학생 수	224명(남 52명 / 여 172명)
관련학과	관광조리과

[대구]

대구관광고등학교

학교주소	대구광역시 동구 동북로 71길 37
설립구분	사립
전 화	053-235-9711
홈페이지	http://www.dgit.hs.kr
학생 수	847명(남 475명 / 여 372명)
관련학과	관광조리학과

상서고등학교

학교주소	대구광역시 달서구 야외음악당로 107
설립구분	사립
전 화	053-235-9550
홈페이지	http://www.sangsuh.hs.kr
학생 수	1,182명(남 199명 / 여 983명)
관련학과	조리과

[부산]

부산관광고등학교

학교주소	부산광역시 서구 천마로 52
설립구분	사립
전 화	051-248-3123
홈페이지	http://www.bstour.hs.kr
학생 수	572명(남 186명 / 여 386명)
관련학과	한식조리과(298명)

부산정보관광고등학교

학교주소	부산광역시 금정구 동현로 37
설립구분	사립
전 화	051-518-7922
홈페이지	http://www.pusan-ith.hs.kr/
학생 수	600명(남 242명 / 여 358명)
관련학과	호텔조리과

부산문화여자고등학교

학교주소	부산시 해운대구 해운대로 469번길 50
설립구분	사립
전 화	051-746-2952
홈페이지	http://bs-moonhwa.hs.kr/
학생 수	598명(남 0명 / 여 598명)
관련학과	한국조리

해운대관광고등학교

학교주소	부산광역시 해운대구 우동 2로 60
설립구분	사립
전 화	051-742-0041
홈페이지	http://www.h-tour.hs.kr
학생 수	614명(남 332명 / 여 282명)
관련학과	관광조리과

[울산]

울산생활과학고등학교

학교주소	울산광역시 동구 학문로 70
설립구분	공립
전 화	052-235-9661
홈페이지	http://www.uvhe.hs.kr
학생 수	888명(남 370명 / 여 518명)
관련학과	조리과

[제주]

제주고등학교

학교주소	제주특별자치도 제주시 1100로 3213
설립구분	공립
전 화	064-750-4114
홈페이지	http://jeju.jje.hs.kr
학생 수	970명(남 530명 / 여 440명)
관련학과	관광조리과

출처: • 학교알리미(http://www.schoolinfo.go.kr/) ; 하이파이브(http://www.hifive.go.kr/)

(2) 전국 전문대학교 조리과 현황

[서울]

배화여자대학교

학과명	전통조리과	정원	주간 80명 / 야간 35명
주 소	서울시 종로구 필운대로 1길 34	전화	02-399-0844

백석예술대학교

학과명	외식산업학부	정원	300명
주 소	서울시 서초구 방배로 9길 23	전화	02-520-0746

[경기도]

경민대학교

학과명	호텔외식조리과	정원	90명
주 소	경기도 의정부시 서부로 545	전화	031-828-7238

국제대학교

학과명	호텔외식조리과	정원	100명
주 소	경기도 평택시 장안웃길 56	전화	031-610-8790

김포대학교

학과명	호텔조리과, 호텔제과제빵과	정원	주간 90명 / 야간 60명
주 소	경기도 김포시 월곶면 김포대학로 97	전화	031-999-4735

대림대학교

학과명	글로벌외식조리학부	정원	180명
주 소	경기도 안양시 동안구 임곡로 29	전화	031-467-4780

동원대학교

| 학과명 | 호텔관광학부 호텔조리과 | 정원 | 82명 |
| 주 소 | 경기도 광주시 곤지암읍 경충대로 26 | 전화 | 031-760-0549 |

두원공과대학교

| 학과명 | 호텔관광계열 호텔조리과 | 정원 | 50명 |
| 주 소 | 경기도 파주시 파주읍 주라위길 159 | 전화 | 031-935-7350 |

부천대학교

| 학과명 | 호텔외식조리과 | 정원 | 120명 |
| 주 소 | 경기도 부천시 원미구 신흥로 56번길 25 | 전화 | 032-610-0810 |

서정대학교

| 학과명 | 호텔조리과 | 정원 | 110명 |
| 주 소 | 경기도 양주시 은현면 화합로 1049-56 | 전화 | 031-860-5079 |

수원과학대학교

| 학과명 | 호텔조리제과제빵 | 정원 | 80명 |
| 주 소 | 경기도 화성시 정남면 세자로 288 | 전화 | 031-350-2339 |

수원여자대학교

| 학과명 | 보건식품학부(호텔조리과) | 정원 | 80명 |
| 주 소 | 경기도 화성시 정남면 세자로 28 | 전화 | 031-290-8954 |

신안산대학교

| 학과명 | 자연과학 호텔조리과 | 정원 | 105명 |
| 주 소 | 경기도 안산시 단원구 신안산대학로 135 | 전화 | 031-490-6100 |

안산대학교

학과명	식품영양학부 호텔조리과	정원	40명
주 소	경기도 안산시 상록구 안산대학로 155	전화	031-400-6949

연성대학교

학과명	호텔외식조리학과 호텔조리전공	정원	120명
주 소	경기도 안양시 만안구 양화로 37번길 34	전화	031-441-1439

오산대학교

학과명	호텔조리계열 호텔조리전공	정원	105명
주 소	경기도 오산시 청학로 45	전화	031-370-2758

장안대학교

학과명	호텔관광학부 호텔조리과	정원	90명
주 소	경기도 화성시 봉담읍 삼천병마로 1182	전화	031-299-3160

청강문화산업대학교

학과명	푸드스쿨(3년)	정원	240명
주 소	경기도 이천시 마장면 청강가창로 389-94	전화	031-637-4423

한국관광대학교

학과명	호텔조리과, 호텔제과제빵과	정원	120명 / 90명
주 소	경기도 이천시 신둔면 이장로 311번길	전화	031-644-1160

[인천]

인천재능대학교

학과명	글로벌호텔외식조리과, 한식명품조리과	정원	135명
주 소	인천시 동구 재능로 178	전화	032-890-7420

[강원도]

강원관광대학교

학과명	조리제과제빵과	정원	40명
주 소	강원도 태백시 대학길 97	전화	033-550-6114

강릉영동대학교

학과명	호텔조리과	정원	81명
주 소	강릉시 공제로 357 제1 강의동	전화	033-610-0127

상지영서대학교

학과명	식품조리과, 제과제빵 바리스타	정원	45명 / 45명
주 소	강원도 원주시 상지대길 84	전화	033-730-0799

송호대학교

학과명	호텔외식조리과	정원	30명
주 소	강원도 회성군 회성읍 남산로 210	전화	033-340-1163

한림성심대학교

학과명	관광외식조리과	정원	88명
주 소	강원도 춘천시 동면 장학길 48	전화	033-240-9110

[광주]

서영대학교(파주캠퍼스)

학과명	호텔조리학부 조리전공, 제과제빵전공	정원	70명
주 소	경기도 파주시 월릉면 서영로 170	전화	031-930-9693

[대전]

대덕대학교

학과명	호텔외식조리과	정원	80명
주 소	대전광역시 유성구 가정북로 68	전화	042-866-0438

대전과학기술대학교

학과명	식품조리계열 조리전공, 푸드스타일링전공	정원	80명
주 소	대전광역시 서구 혜천로 100	전화	042-580-6315

대전보건대학교

학과명	호텔외식조리과	정원	36명
주 소	대전광역시 동구 충정로 21	전화	042-670-9310

우송정보대학

학과명	외식조리과, 제과제빵과, 조리부사관	정원	270명
주 소	대전광역시 동구 동대전로 171	전화	042-629-6297

[충청도]

백석문화대학교

학과명	글로벌외식관광학부, 외식산업학부	정원	335명
주 소	충남 천안시 동남구 문암로 58	전화	041-550-2100

신성대학교

학과명	호텔외식조리과	정원	30명
주 소	충남 당진시 정미면 대학로 1	전화	041-350-1460

혜전대학교

학과명	호텔조리과, 제과제빵과	정원	295명 / 152명
주 소	충남 홍성군 홍성읍 대학길 25	전화	041-630-5228

강동대학교

학과명	호텔조리제빵계열	정원	60명
주 소	충북 음성군 감곡면 대학길 278	전화	043-879-3811

대원대학교

학과명	호텔조리제빵과 호텔조리전공, 바리스타 전공	정원	45명
주 소	충북 제천시 대학로 316	전화	043-649-3549

충북보건과학대학교

학과명	호텔제과음료과	정원	30명
주 소	충북 청주시 청원구 내수읍 덕암길 10	전화	043-210-8210

충청대학교

학과명	식품영양외식학부 호텔외식전공	정원	80명
주 소	충북 청주시 흥덕구 강내면 월곡길 38	전화	043-230-2190

[전라도]

전남도립대학교

학과명	호텔조리제빵과	정원	54명
주 소	전라남도 담양군 담양읍 죽녹원로 152	전화	061-380-8503

군장대학교

학과명	호텔외식조리과	정원	28명
주 소	전북 군산시 성산면 군장대길 13	전화	063-450-8357

원광보건대학교

학과명	식품클러스터학부 외식조리과	정원	90명
주 소	전북 익산시 익산대로 514	전화	063-840-1320

[경상도]

경남도립남해대학

학과명	호텔조리제빵과	정원	70명
주 소	경남 남해군 남해읍 화전로 78번길 30	전화	055-254-2524

동원과학기술대학교

학과명	호텔외식조리과, 제과제빵과	정원	80명 / 37명
주 소	경상남도 양산시 명곡로 321	전화	055-370-8100

창원문성대학교

학과명	호텔조리제빵과	정원	94명
주 소	경남 창원시 의창구 충혼로 91	전화	055-279-5170/5176

경북전문대학교

학과명	호텔조리제빵과	정원	35명
주 소	경상북도 영주시 대학로 77	전화	054-630-5114

구미대학교

학과명	호텔관광항공조리학부	정원	130명
주 소	경상북도 구미시 야은로 37	전화	054-440-1380

대경대학교

학과명	푸드아트스쿨	정원	195명
주 소	경북 경산시 자인면 단북 1길 65	전화	053-850-1000

문경대학교

학과명	호텔조리과	정원	20명
주 소	경북 문경시 호계면 대학길 161	전화	054-559-1290

서라벌대학교

학과명	호텔외식조리과	정원	20명
주 소	경북 경주시 태종로 516	전화	

안동과학대학교

학과명	호텔조리학과	정원	30명
주 소	경북 안동시 서후면 서선길 189	전화	054-851-3773

영남외국어대학

학과명	약선영양조리과	정원	30명
주 소	경북 경산시 남천면 함석리 2201번지	전화	053-810-0163

호산대학교

학과명	호텔외식조리과	정원	29명
주 소	경북 경산시 하양읍 대경로 105길	전화	053-850-8177

[대구]

계명문화대학교

학과명	식품영양조리학부	정원	130명
주 소	대구광역시 달서구 달서대로 675	전화	053-589-7820

대구공업대학교

학과명	호텔외식조리과	정원	85명
주 소	대구광역시 달서구 송현로 205	전화	053-560-3910

대구과학대학교

학과명	외식조리제빵전공	정원	90명
주 소	대구광역시 북구 영송로 47	전화	053-320-1092

대구보건대학교

학과명	호텔외식산업학부	정원	108명
주 소	대구광역시 북구 영송로 15	전화	053-320-1481

수성대학교

학과명	호텔조리과, 제과제빵커피과	정원	40명 / 70명
주 소	대구시 수성구 달구벌대로 528길	전화	053-749-7152

영남이공대학교

학과명	관광외식학부 식음료조리계열	정원	88명
주 소	대구광역시 남구 현충로 170	전화	053-650-9340

[부산]

경남정보대학교

학과명	호텔외식조리계열	정원	186명
주 소	부산광역시 사상구 주례로 45	전화	051-320-1287

대동대학교

학과명	호텔외식조리과	정원	40명
주 소	부산시 금정구 동부곡로 27번길 88	전화	051-510-4951

동부산대학교

학과명	호텔외식조리과	정원	45명
주 소	부산시 해운대구 반송 2동 640-5	전화	051-540-3784

동주대학교

학과명	호텔외식조리, 호텔제과제빵전공	정원	60명 / 55명
주 소	부산시 사하구 사리로 55번길 16	전화	051-200-3441

부산여자대학교

| 학과명 | 호텔외식조리과, 호텔제과제빵과 | 정원 | 55명 / 70명 |
| 주 소 | 부산광역시 부산진구 진남로 506 | 전화 | 051-850-3043 |

[울산]

울산과학대학교

| 학과명 | 호텔외식조리과 | 정원 | 70명 |
| 주 소 | 울산광역시 동구 봉수로 101 | 전화 | 052-230-0741 |

[제주]

제주한라대학교

| 학과명 | 국제관광호텔 호텔조리과 | 정원 | 160명 |
| 주 소 | 제주도 제주시 한라대학로 38 | 전화 | 064-741-6751 |

제주관광대학교

| 학과명 | 관광학부 관광호텔조리과 | 정원 | 135명 |
| 주 소 | 제주도 제주시 애월읍 평화로 2715 | 전화 | 064-750-3502 |

출처: • 학교알리미(http://www.schoolinfo.go.kr/) ; 하이파이브(http://www.hifive.go.kr/)

(3) 전국 4년제 대학교 조리학과 현황

[서울]

경기대학교(제2캠퍼스)

학과명	관광문화대학 외식조리과학과	정원	60명
주 소	서울시 서대문구 경기대로 9길 24	전화	02-390-5384

경희대학교

학과명	Hospitality 경영학부	정원	148명
주 소	서울시 동대문구 경희대로 26	전화	02-961-0803

세종대학교

학과명	호텔관광대학 글로벌조리학과	정원	32명
주 소	서울특별시 광진구 능동로 209	전화	02-3408-3952

[경기도]

신한대학교(제2캠퍼스)

학과명	식품조리과학부 외식조리전공	정원	135명
주 소	경기도 의정부시 호암로 95	전화	031-870-3500

한경대학교

학과명	자연과학대학, 영양조리과학과	정원	28명
주 소	경기도 안성시 중앙로 327(석정동)	전화	031-670-5180

경동대학교[제4캠퍼스: 글로벌캠퍼스(고성)]

학과명	호텔조리학과	정원	40명
주 소	경기도 양주시 경동대학로 27	전화	031-639-0248

[강원도]

가톨릭관동대학교

학과명	호텔관광외식학부 조리외식경영학전공	정원	60명
주 소	강릉시 범일로 579번길 24	전화	033-649-7388

[경남]

한국국제대학교

학과명	생활과학대학 외식조리학과	정원	25명
주 소	경남 진주시 문산읍 동부로 965	전화	055-751-7940

[경북]

경주대학교

학과명	문화관광대학 외식조리전공	정원	130명
주 소	경북 경주시 태종로 188	전화	054-770-5299

대구한의대학교

학과명	한방식품조리영양학부 식품조리학전공	정원	30명
주 소	경북 경산시 한의대로 1	전화	053-819-1494

위덕대학교

학과명	외식산업학부	정원	85명
주 소	경북 경주시 강동면 동해대로 26	전화	054-760-1600

[광주]

광주대학교

학과명	경영대학 호텔외식조리학과	정원	40명
주 소	광주광역시 남구 효덕로 277	전화	062-670-2025

남부대학교

학과명	호텔조리학과	정원	30명
주 소	광주광역시 광산구 첨단중앙로 23	전화	062-970-0191

호남대학교

학과명	보건과학대학 조리과학과	정원	65명
주 소	광주광역시 광산구 어등대로 417	전화	062-940-5647

[대전]

우송대학교

학과명	외식조리영양학부, 글로벌조리학과	정원	60명 / 181명
주 소	대전광역시 동구 동대전로 171	전화	042-629-6821

[부산]

영산대학교(제2캠퍼스)

학과명	조리예술학부	정원	135명
주 소	부산시 해운대구 반송순환로 142	전화	051-540-7181

[전북]

우석대학교

학과명	융복합서비스 외식산업조리학과	정원	42명
주 소	전북 완주군 삼례읍 삼례로 443	전화	063-290-1435

전주대학교

학과명	문화관광대학 한식조리학과	정원	55명
주 소	전북 전주시 완산구 천잠로 303	전화	063-220-2768

[전남]

순천대학교

학과명	생명산업과학대학 조리과학과	정원	28명
주 소	전남 순천시 중앙로 255	전화	061-750-3690

초당대학교

학과명	호텔조리학과, 외식조리창업학과	정원	75명
주 소	전남 무안군 무안읍 무안로 380	전화	061-450-1645

[충북]

극동대학교

학과명	사회과학대학 호텔외식조리학과	정원	40명
주 소	충북 음성군 감곡면 대학길 76-32	전화	043-879-3500

서원대학교

학과명	호텔외식조리학부	정원	100명
주 소	충북 청주시 서원구 무심서로 377-3	전화	043-299-8460

유원대학교(2019 학과 통합 외시조리전공 → 호텔조리와인식품학부)

학과명	호텔조리와인식품학부 호텔외식조리학과	정원	30명
주 소	충북 영동군 영동급 대학로 310	전화	043-740-1500

[충남]

청운대학교

학과명	호텔관광대학	정원	100명
주 소	충남 홍성군 홍성읍 대학길 25	전화	041-630-3364

출처: • 학교알리미(http://www.schoolinfo.go.kr/) ; 하이파이브(http://www.hifive.go.kr/)

* 4년제 대학은 조리보다는 외식경영에 관련된 학과를 더 많이 설치하고 있음. 외식경영은 조리에 대한 지식과 기술보다는 외식산업체의 경영을 위한 전반적인 교육과정을 운영하고 있음. 여기에서는 조리과로 명명된 대학만을 소개하였음. 혹시 누락된 정보가 있을 수 있습니다.

(4) 대학원 진학

대학원 진학의 경우 고민해야 할 것은 석사학위명이다. ○○○관광대학원은 관광학 석사가 나온다. 연세대와 원광대 대학원의 경우 '이학석사'가 나오기 때문에 나중에 교수를 꿈꾸는 학생들은 좀 더 유념해야 한다.

지원자들 대부분이 직장생활하면서 강의를 듣거나, 추후 교수를 꿈꾸며 도전하는 경우가 많은데, 전임교수임용서류 제출 시 전공 불일치로 곤란을 겪는 일이 생기기도 하므로 학위명에 유의하도록 한다.

또한, 박사를 들어갈 경우 학위명이 다를 경우 선수과목을 이수해야하기 때문에 다른 동기들과 달리 이수학점이 더 많은 경우도 있다. 따라서 대학원 진학 시 학사와 석사, 박사가 동일한 전공으로 인정받도록 유념해야 한다.

- 연세대학교 생활환경대학원 호텔외식 급식경영 전공
- 경기대학교 대학원 외식조리관리학과
- 경희대학교 호텔관광대학 (관광)대학원 조리외식경영학과
- 경희사이버대학교대학원 호텔관광대학원
- 세종대학교 대학원 조리외식경영학과
- 한경대학교 생활과학과 영양조리과학
- 남부대학교 호텔조리학과
- 순천대학교산업대학원 조리관광학과
- 원광대학교 웰빙문화대학원
- 우송대 글로벌외식조리대학원
- 우석대학교 대학원 외식산업학과
- 전주대 경영대학원 외식조리경영학과
- 영산대관광 대학원 조리예술전공
- 초당대학교 대학원 조리과학과

(5) 해외 유학

많은 학생으로부터 해외 유학을 가고 싶다는 말을 듣는다. 그들 대부분의 생각은, 해외 유학을 다녀오면 자신이 스타 셰프의 반열에 설 수 있을 것이라는 막연한 희망이다.

아니면, 적어도 현지에서 배워온 요리에 대한 인정으로 좋은 취업자리가 보장될 것이 아닐까 하는 헛된 꿈을 꾸기도 한다.

하지만 출세한 사람들 대부분은 유학보다는 국내 바닥에서부터 치고 올라온 사람들이고, 물론 해외 유학 후에 취업해서 경력을 싸고 돌아와 국내에서 빛을 본 사람들도 있겠지만, 비싼 교육비와 외국에서 고생한 것에 비해 국내에서 인정해 주는 경우가 많지 않다는 것이다.

다시 말하자면, 국내 어느 기업이든지, 해외 유학파를 반겨주는 곳은 없다. 왜냐하면, 현실적으로 그들이 배워온 것을 지금 한국에서는 전혀 써먹을 수 없기 때문이다. 어느 나라나 마찬가지로 그 나라 특유의 문화와 흐름이 있기 때문이다.

가령 예를 들어, 일본에서의 일본요리와 한국에서의 일본요리는 좀 다르다는 것이다. 프랑스에서의 프랑스 요리와 한국에서의 프랑스 요리도 다르다. 맛과 품질, 메뉴의 형태 등등…

외국요리는 그 나라의 상황에 따라 다른 트렌드를 가지고 있기 때문이다. 그래서 외국 유학파들이 한국 현장에 적응하기가 매우 어렵다.

자기가 배운 대로 안 하고 있고, 그 나라 고유의 조리법이 무시당하고 있으며, 자기가 배워 온 것을 인정해 주는 곳이 거의 없다는 것이다.

또한 업주나 매장의 책임자 입장에서 보면, 기존 직원들과의 괴리감을 무시할 수 없어 채용을 주저하는 경우가 많다.

한 가지 더하자면, 유학파들은 자기들이 더 좋은 대우를 받기 원하지만, 특별한 경우(패밀리)를 제외하고는 신입사원에 준하는 대우에 좌절하게 되는 상황을 많이 보아왔다.

어렵게 취업이 되었어도, 대부분 적응하는 데 더욱 힘들어하다가 그만두게 된다.

거기에 비해, 그들은 상당한 비용을 부담하게 되는데, 나라마다 차이는 있지만, 대개 연간 교육비와 체재비로 최소 3천만 원에서 최대 5~6천만 원 정도 이상 필요하다. 어학연수까지 합치면 적어도 2년 이상 있게 되는데, 준비과정부터 합치면 최소 1~2억 정도는 소요된다는 것이다. 그에 비해 국내에서 인정받거나 그 비용을 단기간에 회수하기가 불가능한 것이다.

그리고 어지간한 외국요리기술을 배우는데, 한국 내 레스토랑 수준이나 상황이 더 좋다고 할 수도 있다.

그래서 유학을 계획하는 이들에게는 이렇게 말한다.

① 외국에 가서 살 작정으로 가는 것 아니면, 가지 마라.
　외국의 조리가 궁금하면 매년 해외여행을 가서 먹어보고 느끼면서 배우라.
② 그래도 다녀오고 싶다면, 거기에서 출세해서 돌아오라.
　그런데 거기에서 출세했다면, 굳이 국내에 돌아올 필요가 없다.

미국 CIA, 프랑스 코르동블뢰, 일본 츠지조 등을 국내에서 꼽고 있지만, 국가별 현지에서 인정해 주는 학교는 국내에서의 평가와는 딴판이다. 따라서 학교 선정에 매우 민감해야 한다.

그리고 국내에서와는 다르게 정식 대학이 아닌 사설 요리학교인 경우가 많으며, 학사나 석사 등의 학위과정보다는 대부분 과정을 수료로 마감하게 된다.

그럼에도 불구하고 해외 유학을 가고 싶으면, 우선 그 나라 여행부터 여러 차례 해보고, 그 나라에서 높이 평가되는 학교를 알아보며, 졸업 후 취업비자가 받기 어렵거든, 현지인과 결혼을 하면 된다.

실제로 일본유학을 가서 일본 여자와 결혼해서 사는 제자로부터 연락을 받은 적도 있다.

한국인들이 유난히 해외 유학을 좋아하는 까닭에 프랑스와 일본 요리학교들이 국내에 들어온 경우도 있다.

외국의 요리학교는 인터넷에서 쉽게 찾을 수 있기에 여기에서 소개는 생략하겠다.

하지만 분명한 사실은, 해외에서의 경험은 국내에서만 하는 것보다는 더 크고 폭넓은 세계로 빠져들게 한다는 매력이 있는 것임에 틀림없다.

3장

조리사로 살아남기

3장

조리사로 살아남기

1. 일하면서 살아남기

고교 졸업만 하고 나서 바로.

고교 졸업과 동시에 조리 자격증을 가지고.

대학 조리관련 학과를 졸업하고.

대학 일반학과를 졸업하고.

어쨌든, 하려고만 하면, 어지간한 주방에서는 다 받아준다.

특급호텔이나 대기업은 좀 따지지만…

어떤 경로를 통해서든 일단 조리사가 되고 나면 몇 가지 마음의 준비가 필요하다.

우선, 자아를 포기하라. 자존심을 잠깐 집에 두고 나오라는 것이다.

남들이 싫어하는 일을 하라. 그러면 남들이 당신을 인정해 준다.

주방 구석구석에 지저분하거나 아무도 관심을 두지 않는 곳에 쭈그리고 앉아서 날마다 닦아보라.

하지 말라고 지랄을 해도 알았다고 웃으면서 계속해 보라.

특히, 하수도 청소, 냄비 닦기, 냉장고 청소를 깔끔하고 신속하게 하도록 노력해 보라.

그렇게 하다 보면, 주방에서 가장 필요한 사람이 될 것이고, 그러면 당신의 가치가 높아져 정직원이 될 확률이 높아진다.

사실, 날마다 주어지는 업무만 하기에도 바쁜 것이 주방업무의 특성이겠지만 하려고 맘만 먹으면 못할 것은 없다.

성희롱, 성추행 빼놓고는 다 참으라.

인격적으로 모독을 해도 웃어라.

많이 혼날수록 웃으면서 사과하며 또 웃어라.

어느 곳이나 또라이 질량보존의 법칙이 있다고 한다.

그러니, 네가 또라이가 되어라.

참다 참다 힘들면 화장실 가서 조용히 혼자 울어라.

그리고 다 잊고, 다시 처음처럼 시작하라. 미친놈처럼…

미친 사람은 스트레스가 없다고 한다.

그렇게 버티다 보면 할 만한 시간이 다가올 것이다.

참으면서, 일을 속히 터득하도록 노력하라.

권투선수의 경우 눈이 움푹 들어간 선수가 유리하다고 한다.

상대방의 주먹에 맞으면서도 눈을 뜰 수 있기 때문이다. 그러면 자기가 맞는 순간 상대방의 허점을 발견하여 공격할 수 있다고 한다.

주방일이 힘들어도 눈을 부릅뜨고서, 모르는 것 물어가면서, 남들 일하는 것 봐가면서, 몰래몰래 적어가면서, 거기에서의 기술을 터득하고, 자기만의 노하우를 하나하나 만들어 나가도록 해야 한다. 친절하게 가르쳐주는 경우가 드물지만, 없지는 않다. 암튼, 자기 실력을 꾸준하게 쌓아가는 것이다. 이론 부분의 공부와 더불어,

또한 외국어 공부와 더불어…

2. 호텔조리사들의 살아남기

호텔조리사 출신들은 어떻게들 살고 있나?
내 주변 사람들의 이야기와 동향을 파악해 보았다.

– 대학원 후배였던 S호텔 조리장…

대학원을 나온 사람들은 대부분 대학으로 교수가 되어 자리를 옮기지만, "모두 가면 현장은 누가 지킵니까? 저는 주방을 지키겠습니다."라고 말하면서 현장을 지키는 것이 자기의 사명이라 생각하며 열심히 일하는 K조리장. 지금도 업장 책임자의 자리를 지키고 있다.

– 말단 주임으로 남아서 단순업무를 즐기는 조리사

입사한 지 30년이 넘었지만, 진급을 포기하고 말단 주임으로 남아 있는 조리사들도 있다. 외국어 시험 등을 고의적으로 회피하면 가능하다. 그들은 노조원으로서 정해진 시간만 근무하고, 칼퇴근하고 있으며, 만약 초과근무 시에는 당당하게 연장근무수당을 챙긴다. 당연히 휴가도 맘대로 사용할 수 있다. 자기 후배가 책임 조리장이기 때문에 가능하다. 왜 진급을 포기했냐고? 진급하여 조리장이 되면, 업장이나 업무에 대한 책임이 따른다. 따라서 출퇴근시간이 일정치 않고, 휴가도 마음대로 내기가 어렵다. 더욱이 자기보다 나이도 많고 경험이 많은 입사 선배를 주임으로 모시고 있는 조리장은 마음고생이 더욱 심하다. 주어진 단순업무만을 하면서 하루 시간을 보내고, 나머지 시간을 가족이나 취미생활을 하며, 직장에서 스트레스 받거나 신경 쓰기 싫어하는 사람들이 택하는 길이다. 그렇게 하다가 정년퇴직하는 경우를 많이 보아 왔다.

– 조리가 힘들어 다른 부서로 이동

조리, 또는 식음료직으로서 레스토랑을 떠나는 이들도 있다. 조리업무가 싫증이 나거나, 본인 취향에 도저히 맞지 않는 경우, 총무부 경비, 세탁, 주차 등의 부서에 빈자리가 있을 경우 가능하기도 하다.

– 다른 회사로 옮기는 경우

호텔에서의 조리경험은 항공사 기내식, 대기업 외식사업부, 중견, 중소기업 레스토랑 등으로 이직할 때 유리하게 작용한다. 단, 옮긴 회사에서의 대우는 각자 개인의 실력이나 노력에 따라 크게 차이가 난다. 이런 경우 개인의 언어능력이나 업무응용력과 적응력이 가치를 발하게 된다.

– 호텔을 떠나 전혀 다른 일을 하는 경우

호텔이나 조리직종이 전혀 맞지 않은 경우에는, 본인 성향에 맞는 일자리를 찾아 빨리 퇴사를 하는 것이 현명하다. 다만, 무작정 퇴사를 하고 직장을 찾으면 상황이 더욱 나빠질 수 있으므로 미리 자리를 확보한 뒤에 사표를 내는 것이 현명하다 하겠다. 나의 입사동기 중 다른 일하는 사람들은 자동차판매사원, 대기업인사담당, 자동차부품수입업체 경영 등을 하고 있다.

– 일찍 퇴사해서 개업하는 경우

호텔에서 비교적 빨리 퇴사하여 개업해서 일찍 장사의 길로 접어든 사람들도 있다. 사실 개업이나 창업을 하는 경우 군이 장기간의 호텔경력이 필요하지는 않다. 오히려 개인레스토랑에서 일을 배우는 것이 더 빠르고 효율적이다. 호텔은 업무가 세분되어 있어서, 호텔에서의 짧은 경력은 얼치기 조리사로 만들어 불완전한 모습으로 남게 될 확률이 높다. 그래서 호텔에 입사한 경우에는 그 세분된 것을 모두 경험하기까지 최소 10년 이상 소요되기 때문에, 장기근무하는 것이 바람직하다고 말할 수 있다.

- 호텔에서 책임자로 성장하는 경우

조리를 시작한 지 30년 정도 되었으면 조리과장 자리에 오르는 것이 마땅할 것으로 생각되겠지만, 저절로 되는 것은 아니다. 조리과장 대상자에 비해 그 자리는 한정되어 있기 때문이다. 조리계장이든, 과장이든, 부장이든 너무 그 직책에 연연하는 것보다는 업무 자체에 재미를 들이는 것이 더욱 행복한 생활을 할 수 있는 것이라고 말하고 싶다. 주방에 출근하는 것이 즐겁고, 주방 식구들을 보는 것이 반갑고, 일하는 것이 행복해야 살아남는 데 유리하기 때문이다. 각 영업장의 책임자로 자리를 잡은 동기들도 다수 있다.

- 교수가 된 사람들…

어렵게 공부해서 교수가 된 사람들이 의외로 많이 있다. 그래서인지는 몰라도 요즘 신입생들의 꿈이 조리과 교수라는 학생들이 늘고 있다. 신입생 면접 때 지원동기를 물어보면, 대놓고 "교수님처럼 되려고요"라고 하기도 한다. 전국적으로 조리사 경력을 가지고 교수가 된 사람들이 수백 명 정도 될 것이다.

그 무엇이 되었든, 혹시 다른 길을 걸었든지 상관없이 나름대로 살아남은 자들이다. 조리의 길을 걷다가 포기하고 다른 길을 걷게 되더라도 살아남는 것이 중요하니까… 혹시라도 힘들어 포기하고 싶으면 빨리 포기하고, 포기가 늦었으면 그대로 길을 가라고 하고 싶다. 어디든 살아남기가 쉽지 않은 세상이고, 살려고만 마음먹고, 어지간하면 살아남을 수 있으니까…

3. 나의 졸업생들의 살아남기

우리의 졸업생들이 현장에서 어떻게 버텼는지 후배들에게 남긴 이야기를 한번 보자. 다음은 졸업생들이 학과 홈피에 남긴 한마디들이다.

1) 특급호텔에 입사한 K군

P호텔 오픈 초창기에 장기 아르바이트로 시작했었습니다.

16년 10월에 시작해서 약 3개월 동안 정말 열심히 했고 좋은 인상을 남겨 연회주방 팀장님께서 입사권유를 하셨고 입사 지원 후에 1차 인사부 면접, 2차 연회주방 팀장님 면접, 3차 식음료 이사님 면접, 4차 총지배인님 면접 후에 합격을 통지받아 일하게 되었습니다.

1차 면접 때는 미래의 계획, 입사 지원동기, 자격증 소지 여부 등 간단한 질문을 받았었고 2차 면접도 1차 면접과 같이 진행되었고 추가적으로는 자기소개를 영어로 하라고 하셨습니다.

3차와 4차는 오로지 영어로만 면접이 진행되는데 저는 영어를 잘 하지 못하여 통역사분이랑 같이 면접을 진행하였고 통역사분이 통역해주시면 최대한 영어로 대답하는 식으로 면접이 진행되었습니다.

(1) 담당업무

처음에는 연회주방에서 사용하는 물건 및 식자재 정리, 운반을 하였습니다. 입고되는 식자재들을 옮기는 일을 하였고 약 4개월 동안 하였습니다. 그 후 부처에 내려가 각 업장에서 사용하는 생선과 고기를 손질하였고 약 3개월 동안 하였습니다. 그 후 콜주방으로 옮겨져 샐러드, 드레싱, 과일 등을 준비하였고 마지막으로 이그제큐티브 클럽 라운지에 올라와 조식과 석식 미니 뷔페를 준비하였습니다.

(2) 호텔주방 생활에서 힘들었던 점

사실 저는 그렇게 힘들었던 적은 없었는데 굳이 말하자면 행사가 많은 성수기 시즌에 하루 16시간 이상씩 일하는 부분이었던 것 같습니다.

(3) 즐거웠던 일

연회주방에서 일하다 보면 프로모션 행사들을 많이 진행하게 되었는데 이세돌 씨가 알파고와 대국할 때 이세돌 씨와 기자분들이 드실 샌드위치 및 카나페 음식들을 준비하고 포르쉐 행사에 카나페 케이터링을 나갔던 것과 이번 평창올림픽 선수들과 진행 관계자, 후원 회사들의 행사에 저희가 음식을 준비하고 좋은 코멘트를 들었을 때가 즐거웠고 보람되었던 것 같습니다.

(4) 앞으로 계획

현재 저는 호텔에서 퇴사 후 호주에 있는 호텔에의 취업을 준비하고 있고 앞으로 대학원에 진학하기 위해 현재 사이버대학교에 다니면서 학사학위 준비를 하고 있습니다.

(5) 후배들에게 하고 싶은 말

사실 저는 대학시절 때 공부를 많이 하지 않은 것들이 가장 후회가 되었습니다. 학교에서 가르쳐주었던 기초적인 부분들 그런 부분들이 업장에서 일하면서 직간접적으로 많은 도움이 된다는 사실을 일하면서 깨달았고 지금이나마 다시 공부하고 있는데 학교에서 가르쳐주는 실무적인 부분과 이론적인 부분을 절대 소홀히 하지 않으셨으면 좋겠습니다. 감사합니다!

2) 특급호텔 베이커리 K양

(1) 호텔에 관심을 갖게 된 과정

요식업의 빠른 발전과 함께 방송매체, SNS 등에 많은 관심을 갖고 트렌드가 빨리 바뀌고 있는 요즘, 자연스레 조리에 관심을 갖는 것을 쉽지 않게 찾아볼 수 있다. 개인 업장, 프렌차이즈, 창업, 유학, 해외 유명 조리대 입학, 호텔, R&D 등 여러 방면으로 요식업계 관련 직장을 찾으려거나 학습, 실험, 업무, 관리자 직종 등으로 고민에 빠질 수 있다. 내가 호텔에 관심을 갖게 된 이유는 간단하지만 누구라도 들으면 공감할 수 있는 이유이기도 하다. 단순히 경력, 스펙, 보장된 복지, 혜택 등만이 아니다. 호텔이라는 시스템을 겪을 수 있는 타이밍은 내가 조금 더 어렸을 때 시작할 수 있다는 생각이 들어서였다. 옛날과 달리 호텔에 입사하려는 동기나 사람들이 점차 줄어들고 있다. 여러 가지 이유가 있겠지만 힘들다, 배울 게 없다는 인식이 커졌는지도 모른다. 하지만 그건 어디까지나 자신이 직접 겪지 않아서 알 수도 없다는 생각이 들어 어쩌면 도전해 보고 싶다는 마음이 커져서일지도 모른다.

(2) 호텔 입사과정

호텔마다 각각 갖춰져 있는 이력서가 있다. 하지만 기본적으로 써야 하는 내용이 같은 부분이 있다. 그래서 나는 각각 호텔 이력서를 다운받아 그것에 맞게 써야겠다는 생각보다 기본적인 나만의 자소서, 이력서를 작성해 놓았다. 그리고 각 호텔에 대해 조사를 하였다. 회사 이념, 인재상 등을 조사하여 기본적인 내 자소서에 녹여서 각 호텔에 알맞게 나의 이력서를 작성해 보았다. 이력서 작성 및 제출 후에는 면접 준비를 한다. 예상 질문지 작성 및 그것에 대한 나의 이념, 신념 나의 미래계획 등 나 스스로 PR하는 연습을 많이 하였다. 특히 나는 나이가 많은 편이라서 더더욱 신경을 많이 썼다. 실제로 나의 나이에 관한 질문을 들었지만 준비한 만큼 성실히 답하였다. 면접은 어디까지나 자기가 얼마나 자신의 얘기를 잘 풀어내는지가 더 자연스럽게 면접에 임할 수 있는 요령인 것 같다. 그러므로 스스로 말을 잘한다고 생각하는 사람이 아니라면 준비성이 답이다.

(3) 담당업무

나는 호텔 베이커리 사원이다. 베이커리는 기본적으로 전 업장을 지원한다는 전제가 있다. 그래서 우리가 직접 연회파트, 뷔페 등에 제품을 딜리버리(제품을 직접 가져가 세팅하는 업무)하기도 한다. P호텔 베이커리는 케이크실, 베이커리실로 나뉜다. 나는 케이크실 파트로 뷔페 딜리버리, 컵 포션 디저트 생산, 마카롱, 시트, 오더 몇 가지 메뉴 등을 그날에 알맞게 생산을 한다. 마감조는 다음날 해야 할 것을 다 적어놓고 그 다음날, 사원들은 각자 판단하여 오늘 생산할 수 있는 것과 없는 것을 구분하여 생산하는 것이 중요하다. 즉 부족하거나 급한 것부터 생산, 모르는 것에 대해서는 주저 없이 물어보고 배워야 하는 자세 또한 준비되어 있어야 한다.

(4) 업무 중 어렵거나 힘들었던 점

베이커리 업종을 호텔에서 처음 겪은 나는 기본적인 지식과 만드는 요령이 초기 때 너무 없었다. 그래서 손이 느렸고 일하는 방법도 요령껏 하지 못했다. 하지만 이런 일적으로의 힘듦 같은 경우는 계속 하고 배우고 선배님들에게 물어보면 점차 나아짐이 느껴진다.

하지만 인간관계에서 느껴지는 어려움은 많은 것을 느끼게 한다. 선배님 중 한 분은 나를 발로 차거나 물건을 던지고 욕을 하시는 분이 계셨다. 물론 일적인 면에서 나의 실수나 부족한 점에 대한 질책은 겸허히 받아들일 수 있다. 이것도 못 견딘다면 그건 아직 사회인으로서 부족한 사람이라고 볼 수 있다. 호텔의 무서움을 하도 들어서인지 당연하게 생각하고 있었으니 말이다. 하지만 그 선배님은 기분파이셨다. 소위 자기가 기분이 좋으면 모든 게 잘 풀리고 안 좋으면 그 기분을 우리들에게 푸는 감정기복이 심하신 분이셔서 스케줄이 나오면 제일 먼저 확인하는 것이 그분과 나의 스케줄 휴일이 동일한가이다.

선배에게서도 어려움이 있지만 후배(?)에게서도 어려움이 있다. 직원으로 들어온 것은 아니지만 아르바이트로 들어와 나와 입사차가 얼마나지 않아 그냥 언니 동생으로 지내지만, 후배가 말대꾸를 하거나, 싫은 티를 내면 황당함은 이루 감출 수가 없다.

(5) 업무 중 즐거웠던 점

업무에 있어서 나아졌을 때 새로운 것을 알게 되거나 제품을 만들었을 때 갖는 소소한 즐거움이 있다. 나의 레시피에 새로운 것들이 적혀 나가는 것을 보는 뿌듯함은 새로운 가능성을 보여주기도 한다.

일주일에 친구들보다 더 많이 보는 선배님, 동기와 후배, 서로 힘들 때는 힘을 북돋아주며 친근감도 생긴다. 행사가 너무 많거나 긴급상황이 닥쳤을 때는 서로에게 도움이 되어 그 상황을 같이 잘 마무리되도록 노력하게 된다.

(6) 호텔 지망생들에게 해주고 싶은 말

자기가 무슨 파트에서 일하고 싶은지 좀 더 명확하게 일찍 알 필요가 있다고 생각한다. 그렇게 된다면 그 관련 부분을 좀 더 공부하게 되고 실력을 쌓게 된다. 호텔의 경우, 입사 후에 배운다는 것보다는 그 시스템에 적응, 대체능력을 천천히 차곡차곡 그 영역을 넓혀가는 성질이 강하기 때문에, 입사하기 전에 많은 것을 경험하고 지식을 많이 갖고 있으면 보다 수월하고 빠르게 흡수해 나갈 수 있다.

또한 호텔 입사를 끝으로 꿈이 없지 않았으면 좋겠다. 물론 호텔에 오래 있어 팀장, 총주방장이 꿈인 사람도 있겠지만, 호텔에 대한 무한한 환상은 후회를 안겨줄 수 있다. 특성상 초년생은 돈벌이가 너무 안 되기 때문에 이런저런 이유를 따지면 호텔에의 입사를 추천하지 않는다. 많이 힘드냐고 물어보면서 호텔 입사를 원한다면 입사하지 말아라. 그 힘듦을 말하는 무게를 아직 모르는 사람이 겪지도 않았는데 힘드냐고 물어보는 것은 너무나 어리석은 생각이다. 나는 오직 꿈이 있고 바라는 길이 명확한 사람만이 호텔에 들어와 버틸 수 있다고 생각한다. 단순 생업이 아닌 생각을 하고 진로를 선택했으면 좋겠다.

3) 특급호텔 베이커리 O양

제가 담당하고 있는 부서는 Kitchen Culinary Pastry입니다. 호텔 내 다른 개별 업장과는 달리 Pastry부서는 Seoul Baking Company라는 Deli Shop을 위주로 베이커리 제품을 만들어 판매하며 뷔페의 디저트 파트, BLT Steak House의 디저트, 라운지의 딸기 뷔페, 빙수를 담당하고 있습니다.

호텔 주방에서 힘들었던 점은 너무 많아서 하나를 꼽기 어려운데 가장 힘든 부분은 사람과 사람이 같이 일을 하며 생기는 의견충돌 같은 부분입니다. 호텔 주방은 엄격한 계급사회이기 때문에 수직적으로 체계가 잡혀 있습니다. 이로 인해 생기는 부당한 업무가 생기기도 합니다. 한 가지 예로 저보다 직급이 높게 새로 들어온 선배가 있었는데 일과 관련된 부분에서 참견을 하는 것이 아니고 다른 사소한 점으로 트집을 잡았습니다. 이런 부분으로 출근하기가 싫고 속으로 스트레스도 많이 받아서 컨디션도 좋지 않았습니다. 하지만 서로 마찰이 많다 보니 일하는 부분에 있어서 힘들어지게 되었습니다. 이를 개선하기 위해 서로 이야기를 나누고 합의점을 찾게 되었습니다. 지금은 편한 언니 동생 사이로 잘 지내고 있습니다.

다른 힘든 점으로는 연휴, 연말에는 정말 힘이 들 정도로 바쁘기 때문에 그달은 일을 하는 게, 하는 게 아닌 느낌이 들 정도로 힘든 시간이었습니다. 이런 점이 대표적으로 힘든 두 가지 일이라고 할 수 있습니다.

하지만 힘든 만큼 즐겁고 좋은 점은 우리 호텔의 유니폼을 입고 있을 때 생기는 자신감과 직원들끼리 즐겁게 일하는 분위기여서 힘들다가도 웃으며 일을 합니다. 또한 매일 외국인을 상대하다 보니 자연스럽게 영어실력이 늘게 되었습니다. 처음에는 겁을 먹었지만 계속적으로 영어를 쓰다 보니 자신감도 얻게 되었습니다.

앞으로의 계획은 지금 있는 호텔에서 좋은 선배님들께 많이 배우고 성장해 나가는 것입니다. 그 후에는 다른 곳에서의 경험을 한 후 우리 학교에서 후배들과 만날 수 있게 되는 것이 저의 가장 최종목표입니다.

후배들에게 가장 해주고 싶은 말은, 일단 먼저 도전을 해봤으면 좋겠습니다. 도전하기를 두려워하는 친구들이 많은데 학교에 다니면서 구체적으로 계획을 세워두고 나중에 그 시기에 머뭇거리지 않기를 바랍니다. 그 호텔에 대한 두려움을 이기게 되면 그보다 몇 배 더 소중한 것들을 얻을 수 있게 될 것입니다.

4) 대기업 프랜차이즈 J양

아무것도 모르던 대학생이 24세에 대기업의 임직원, 한 점포의 관리자가 되기까지의 우여곡절과 후배들에게 하고자 하는 말을 몇 자 적어볼까 합니다.

첫 입사는 학교 방학 중 졸업 전 1회는 해야 하던 현장실습을 시작하면서부터였습니다.

평소 단기 주급형 동네 컨벤션 파트타임을 하던 저로서는 체계적으로 잡혀 있는 위생시스템, 메뉴 조리법, 점포운영 가이드까지 놀라웠고 이 회사에 직원으로 입사를 하여 더 깊게 배우고 더 높이 진급해 보고 싶었기 때문에 입사를 결심하고 전공에 따라 주방에서 시작을 하였습니다.

입사했을 당시엔 누구나 하고 싶으면 다 가능한 파트타임 4시간이었고, 단순노동이라 생각될 정도의 같은 메뉴만 반복하는 역할이었습니다. 솔직히 학교를 다니며 꿈꿔왔던 셰프의 삶, 요리연구가를 꿈꾸었던 메뉴개발과는 많이 다른 길이었기에 걱정도 되고 조바심도 났습니다.

하지만 '어디서 무엇을 하던 내가 하고자 하는 의지만 강하다면 반드시 성공한다'라는 신념으로 독한 세제로 밤새도록 청소를 하고, 사과 슬라이스를 썰다 손을 베어 6바늘을 꿰맸을 때도 '난 하고 말겠어'라는 마음가짐으로 열심히 3개월을 보내니, 주방이 아닌 홀로 포지션 변경하라는 점장님의 말씀에 좌절도 했고 한편으론 내가 주방에 필요가 없나 하는 자괴감도 들어 우울한 시기를 보냈습니다. 하지만 요식업에 종사하기 위해 홀, 주방 호환은 필수라는 점장님의 말씀에 '그래! 포지션 이동해서도 한번 열심히 해보자!'라고 마음을 다잡고 홀에 나와 파트타임이 아닌 인턴으로 근무를 시작하였고 처음엔 익숙지 않아 시행착오도 많이 겪었고 고객들을 직접적으로 상대하다 보니 클레임 고객이 두렵기도 했었습니다.

그것도 잠시 정말 '나의 가족이다'라는 생각으로 고객을 대하였더니 사내 게시판에 칭찬 글을 남겨주시는 고객, 회사 고객센터에 칭찬전화를 해주시는 고객들을 보며 보람을 느꼈고, 사내에서 진행하는 공모전에 1위로 입상하여 본부장님의 상을 받고, 새로 출시된 제품의 권유판매를 열심히 하여 속해 있는 점포가 1위를 하도록 사원들을 이끌어 나가고 1위 상을 받고 동료직원들을 독려하고 영업을 하다 보니 어느덧 새내기 인턴이 아닌 그룹의 임직원, 한 점포의 관리자가 되어 있었습니다.

사실 또래의 주변 친구들이 배낭여행을 한 달씩 다녀오고, 여행계획을 세우거나 집에서 편히 쉬는 모습을 보며 20대 초반을 열심히 일하는데 전념한 나 자신이 후회도 되고 지나간 시간이 아쉽기도 했지만 정작 이루고자 하던 직급을 얻고 '장○○' 하면 "아 그 사원은 일 못해~" 가 아닌 "그 사원은 일을 정말 잘해. 자네도 본받아!"라는 주변 소리가 들려오니 뿌듯하고 지난날을 보상받은 기분이었습니다.

저는 이제 더 높은 곳을 바라보기 위해 자격증과 편입을 준비하고 있습니다.

후배 여러분!! 현재 본인의 삶에 만족하지 못한다면 조금이라도 만족할 수 있는 사소한 무언가를 찾아보세요! 어디서 무엇을 하던 후배들 마음가짐에 따라 미래가 바뀔 것입니다.

본인이 생각하고 행동하기에 따라 더 나은 미래가 되고 힘든 상황도 생각하기에 따라 즐겁고 좋은 상황이 만들어질 테니까요! 모든 일에 힘들다고 단숨에 포기하지 말고 인내를 갖고 최선을 다하여 시간을 투자해 보세요.

먼저 졸업한 선배로서 항상 응원하겠습니다. 감사합니다.

4장

살아남기를 하려는
당신에게 주는 팁

4장

살아남기를 하려는 당신에게 주는 팁

1. 남과 같이 해서는 남 이상 될 수 없다

1986년 9월 16일 군대를 제대하고 복학할 때까지 5개월 이상 남았을 때, 난 아르바이트 전선에 뛰어들었다.

신문을 보고 여러 군데 들여다보다가 '어문각'이라는 출판사에 이력서를 넣었다.

면접을 가서 보니 사무직이 아닌 월부책 영업점이었다. 책 외판영업을 호감 있게 설명하더니, 당장 내일부터 출근해 보라고 하길래 가보았다.

큰 사무실의 각 회의 테이블에 5~10명씩 십여 팀이 있었다. 사업부장이라는 분이 앞에서 연설(?)을 하셨다. 자기가 말단일 때, 책상자를 몇 개씩 짊어지고 다니면서 팔 때 터득한 요령 등을 유머를 섞어가며 자연스럽게 열강하였다. 그것을 듣고 나면 모두 지금 바로 나가면 엄청 잘 팔 수 있을 것 같은 자신이 생기도록 말이다.

그렇게 소그룹별 10명 내외로 팀장급과 함께 책상자를 한두 개씩 어깨에 메고 나간다. 버스를 타고 그날의 지역으로 가서 내리면, 팀장은 분식집 한 군데를 섭외한다. 우리의 책상자를 가게 구석에 쌓아두게 해

주면, 오늘 우리 팀원 모두 점심을 여기서 먹겠노라고…

그리고 우리는 아동용 전래동화 리플릿이 든 파일을 하나씩 들고 아기 엄마들을 찾아 공략에 나선다. 안녕하세요? 애기 참 잘생겼네요 (예쁘네요), 몇 살이에요? 하고 물으면 대부분 자랑하듯 가르쳐준다. 그러면 설문조사를 한다면서 따라붙는다. 아이의 성장이나 교육을 위해 우리 회사 컴퓨터에 저장하여 관리를 한다면서, 이미 구입한 책이 있는지 정보를 캐낸다. 그러다 보면 '우리집 다 왔네요' 하며 작별을 고하려는 순간, 우리는 '물 한 모금만 주세요. 목이 너무 마르네요'라고 하면서 같이 집으로 들어간다. 단, 여기서 주의할 점은 신발은 벗거나 따라 들어가지 말고 툇마루 등에 걸터앉아야 한다는 것이다. 방까지 들어가면 여러 가지로 복잡한 상황이 발생할 수 있으니 말이다. 거기에서 미끼를 던진다. 좋은 교재가 있는데, 이것만 있으면 아이가 영재급으로 교육될 수 있다는 등… ㅋㅋㅋ. 대부분 무관심하게 듣다가 가라고 하지만 가끔씩은 '그게 뭔데요?'라고 묻는 경우가 있다. 그러면 반은 낚은 것이다. 그러면 나는 '잠깐만 기다리세요' 하고 책박스를 쌓아놓은 분식집으로 달려가 팀장에게 보고를 한다. '3개 올세트 가능할 것 같아요!' 그러면 환한 얼굴로 나를 맞으며 책 두 박스를 나에게 안긴다. 지는 한 박스 들고… 그 집으로 달려간다. 팀장급은 전문가다. 거기에 낚시 미끼를 물었으면 십중팔구 엄마들은 넘어오게 되어 있다. 그래서 판매가 이루어지면, 한 박스가 10만 원인데, 그중 20%가 내 몫이다. 거기에서 세금 10%를 제하면 18,000원… 두 박스는 36,000원… 올세트는 54,000원…

그러다가 나와 같이 공군 운전병 출신의 선임자를 만나 밥까지 얻어먹어 가며 판 적도 있었다. 그 생활을 몇 달 하고 말았지만 난 거기서 큰 교훈을 얻었다.

나에게 판매 의지를 불태워주었던 그 넓은 사무실 벽에는 이런 문구
의 현수막이 걸려 있었다.

"남과 같이해서는 남 이상 될 수 없다"

책 장사가 되었든
조리사가 되었든 간에,
무엇을 하든지,
남들과 똑같이 놀고, 먹고, 잔다면,
남들보다 더 좋은 미래는 없다는 뜻인 거,
다들 RG?

2. 조리 적성

요즘 학생들은 대학에 오기 전에 많은 진로 적성검사를 받는다. 거기에서 거듭하여 비슷한 결과가 나오는 학생이 있지만, 매번 다른 결과가 나오는 학생도 있다.

나는 조리에 대한 나의 적성이 얼마나 될까 생각해 보았다. 약 70% 정도 되는 것 같았다. 이 부분에서 우리 학생들이 의아해 하며 놀라기도 한다.

적성이라기보다는 조리에 타고난 능력이랄까, 그런 것이 그 정도밖에는 안 되는 것 같았다.

경험적으로 내 주위에 사람들을 대상으로 자의적 판단을 해본 것이지만…

조리 적성 100%는 없다.

전공적성이 100% 일치하는 사람은, 아마도 천재 작곡가인 모차르트밖에 없을 것이다.

그 일에 미친 사람만이 받을 수 있는 점수다.

조리 적성 90% 이상이면 거의 맹목적인 사람이며, 기술을 손에 타고난 사람이라 할 수 있다.

이런 사람은 일밖에 모르는, 일 중독자에 해당한다고 볼 수 있다. 주변에서 일을 하지 못하면 병나는 사람이 있는데 그 사람이 이 부류에 드는 듯하다.

조리 적성 80% 이상이면 "명장" 소리를 들을 수 있다. 일만 하는 것이 아니라, 일과 관련된 명예를 얻는 데 필요한 것들을 챙겨 놓는 영민함이 있다.

조리 적성 70%면 흉내는 좀 내는데 다른 분야도 관심이 많으며, 취미 생활이나 투잡 등 양다리를 걸치며 현실에 만족해 한다. 학생들 중 당연히 조리사로 취업하는 학생들 대부분이 이 정도의 적성도를 갖는다.

60% 이상이면, 직장생활은 먹고살기 위해 어쩔 수 없이 하며, 취미 생활에 더 비중을 두기 시작한다.

졸업을 앞두고 무엇을 할지 잘 모르겠는 사람은 60% 적성에 머물러 있는 경우가 많다. 이런 경우 취미생활이나 좋아하는 분야를 병행하면 좋다. 이를테면, 출퇴근하며 성실히 근무를 하면서, 날마다 두 시간 이상씩 본인이 하고 싶은 것, 예를 들면, 게임, 스포츠, 그림, 음악 등을 즐기는 것이다. 세월이 지나 일만 시간의 법칙이 적용된다면, 그것으로 인해 제2의 인생을 다시 시작할 수도 있다.

50%는 직장에 흥미가 없다. 대충 시간만 때우는 식으로 일하지만, 절대로 잘릴 만한 오류는 범하지 않는다. 진급도 싫고 가늘고 길게 버티다 정년퇴직만 목표로 삼는다.

40%면, 별다른 재주도 없어, 먹고살기 위해 할 수 없이 출퇴근만 열심히 한다. 실적을 낼 실력도 없고, 노력은 당연히 하지 않는다.

하루하루 그냥 왔다 갔다 하며 산다.

30% 이하는, 우리 부모님 세대들이 다 그렇듯, 대부분 먹고살기 위해 일에다 몸을 맞춘 경우이다. 일은 재미없고 고되지만, 고생은 엄청나게 하면서도 자식들만 바라보며 위안으로 삼는다.

이런 이야기가 나왔다고, 본인의 조리 적성이 어느 정도일까, 굳이 따지지는 말자.

조리 적성보다 더 중요한 것은 일을 대하는 열정이다.

최소한 젊은 시절에 열정을 다해서 열심히 노력해 보는 것이 더 중요하다는 것이다. 세상을 사는 데 IQ(지능지수)가 그다지 중요하지는 않은 것처럼 말이다.

"적성보다는 열정이 당신을 행복하게 해줄 것입니다."

3. 일찍 준비하는 이들에게

요즘 초등학생이나 중학생들이 일찍이 조리의 길에 자신의 진로를 정하는 경우가 많다.

그런 학부모들이 자주 면담요청을 한다.

우리 애를 어찌해야 하나요?

우선 학원에 보내보세요…

자격증을 따면 아르바이트를 시켜보세요.…

학원에서 주선해 주거나 아르바이트 사이트에서 구한 다음, 부모 동의만 있으면 학생이라도 가능합니다.

힘들겠지만 본인이 재미있어 하면, 여기서부터 판단을 잘 하셔야 합니다.

물론 힘들면 자기가 포기를 합니다.

많은 사람이 고등학교부터 조리과가 있는 곳으로 보내려 하는데, 실제로 일찍 배운 학생들이 적응력에서 더 많은 문제가 발생하고 있습니다.

그러니 되도록 인문계 고교로 진학을 시키십시오.

거기서 다소 성적이 뒤지더라도 염려하지 마시고, 성적보다는 인문학적 소양과 대인관계, 열린 세계관을 심어주도록 노력하십시오.…

방학 때 여행도 같이 다니고, 많이 사 먹여보세요.

전국 먹거리 여행도 좋고, 가까운 일본이나 동남아 여행에서 많은 것들을 보여주고 먹여보세요.

중학생 때는 학기 중에 다녀와도 됩니다.

부모님과 여행 간다고 담임선생님에게 말씀하시고, 혹시 결석으로 처리되어도 사회에서 중학교생활기록부 요구하는 곳은 없으니 걱정하지 마세요.

다른 공부는 못해도 좋으니 영어와 외국어 하나 정도는 독해와 회화가 가능할 정도로 해두라고 하세요.

실습하는 것 좋아하면 전문대학으로, 공부하는 것 좋아하면 4년제 대학으로 보내세요.… 조리관련 학과는 양쪽 모두 다양합니다.

그 다음은 학과 교수님들과 상의하라고 하세요.…

혹시 성적이 안 돼서 진학이 어려우면 원하는 대학에 미달학과가 있을 것입니다.

우선 거기 들어가서 한 학기 지난 후, 조리관련 학과로 전과가 가능할 것입니다. 대한민국 거의 모든 대학이 전과제도를 시행하고 있습니다.

의대나 사범대, 예체능계 등 특별한 학과가 아니라면 대부분 전과가 허용됩니다.

재학생처럼 전화하셔서 대학에 미리 가능성을 문의해 보시면 아시게 될 것이라고 말씀드린다.

여러분도, 하려면 한번 해보시고, 아니면 말고.

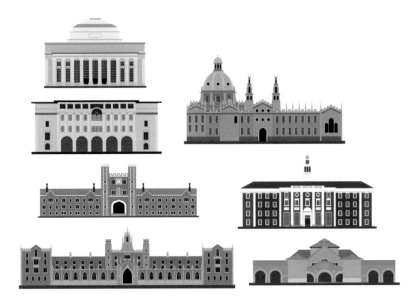

4. 늦게 시작하는 분들에게

-비상스트레이트법-

식빵을 만들 때 보통은 반죽, 발효, 성형, 구이의 공정을 거친다.

그런데 시간이 없어 급히 만들어야 할 경우, 이스트를 더 넣고, 발효 공정을 최소의 시간으로 줄여서 1시간 이상 빨리 만들어낼 수 있다.

이것을 비상스트레이트법이라고 하며 줄여서 '비상법'이라고도 한다.

공정	우유식빵 스트레이트법	식빵 비상스트레이트법
재료계량		2배(이스트 양)
반죽 믹싱	약 20분	약 20분
1차발효	80~90분(빵공장은 240분)	15~30분(1/4~1/8)
분할	동일	
중간발효	10~20분	10~15분
정형	동일	
패닝	동일	
2차 발효	35~40분	35분
굽기	동일	

표에서 보다시피 소요시간이 약 80분 이상 차이가 난다. 보통 사람들이 알아보지 못할 정도로 품질의 차이도 미미하다.(전문가만 알아볼 수 있음)

귀하가 퇴직한 중년이든, 노년을 바라보든, 아니면 아직 청년이나 장년이든 상관이 없다.

조리 또는 음식점 창업에도 비상스트레이트법이 있기 때문이다.

살다 보면, 아차 싶을 때가 있고, 잘못 온 길을 후회하며 다른 길을 걸어보고 싶을 때도 있다.

그렇다고 무턱대고 돈을 들여가며 창업을 하는 것은 아주 무모한 짓이다.

우선 몸으로 때우며 익혀서 때를 기다릴 줄 알아야 한다. 주방 일을 배우고, 영업을 배우고, 손님을 알아야 실패가 없기 때문이다.

배우고 싶은 가게를 찾아라.

아는 사람이 하는 가게에서 무료봉사한다고 가서 약간의 민폐를 끼치면서 배우는 것이 제일 좋다.

아는 곳이 없으면 관심 있는 메뉴를 취급하는 식당을 찾아본다.

가서 먹어보고 확신이 생기면 사장을 만나라.…

인건비는 안 줘도 좋으니 일만 시켜달라고 하거나, 일하는 거 보면서 월급 주라고 하라.

그리고 몸이 부서지도록 일하면서 영업과 메뉴에 관한 것을 익혀라.

처음부터 주방에 가는 것보다는 홀의 서비스를 하면서 나중에 주방 일을 거드는 것으로 시작하여 발을 들여놓는 것이 자연스럽다. 반대로 주방에서 시작해도 무방하다. 어차피 잔일하는 것이니 말이다.

군대에 다시 간다는 마음으로 하면 어려울 것이 없다. 하다가 아니다 싶으면 다른 것을 찾으면 되니 손해 볼 것도 없다.

최근 일부 중소, 중견기업의 외식산업체에서 명예퇴직자들을 트레이너로 모집하여 1~2년 업무에 투입하여 일을 배우게 한 뒤, 창업을 지원해 주는 계획을 세우는 곳이 있다. 나이가 드는 동안에 경험했던 인간관계의 노련함이 오히려 이스트가 되어 발효시간을 줄여주는 효과가 있기 때문이다. 아직 계획단계이지만, 뜻있는 사람들이 먼저 그런 기업에 다가간다면, 그 계획이 좀 더 빨리 실행될 수도 있을 것이다.

사실 작은 가게에서는 자격증을 요구하지는 않지만, 칼을 한번도 잡아보지 못한 사람은 학원에서 한식이나 양식자격증 과정을 한번쯤 해보는 것이 좋다.

그 과정에서 아니다 싶으면 관두면 되고, 재미가 붙어 호기심이 자꾸 생기면 계속 진행하면 된다.

업장에서는 나이대접 포기하고, 치사하지만, 어린 사람들을 섬겨라.

먼저 낮아지고 철저히 무시를 당해봐라.

그렇게 자존심 상함의 맷집을 키워나가라.

그래야 나중에 무례한 손님 앞에서도 살아남을 수 있다.

늦었다고 생각될 때가 가장 빠른 때라고 하였다.

아직도 할까 말까 생각만 하지 말고, 얼른 식당 찾아 삼만리, 왔다 갔다 육만리, 삥 돌아서 구만리 여정을 시작해 보라.…

힘든 만큼 얻을 수 있으리니…

5. 노력해도 안 되는 일이 있다

천재는 1%의 재능과 99%의 노력으로 만들어진다고 배웠다.

그러나 나는 자라면서 그것은 아니라고 믿게 되었다.

영화 아마데우스에서 나타난 모차르트와 살리에르(모차르트 당시의 궁정 음악책임자)를 보라.

모차르트의 천부적인 재능을 그 당시 살리에르만이 알아보았다. 그는 신이 천박한 성격의 모차르트에게 천재적인 음악성을 준 것에 대해 화가 났다. 그러면서도 그 재능이 부러워 남몰래 변장하고 찾아가, 모차르트의 음악회를 보면서 감탄에 빠지면서도 모차르트를 괴롭혔다.

자기가 노력해도 되지 않는 작곡능력을 모차르트가 타고난 것에 대해, 신에게 반항하는 것이었다. 결국 모차르트는 젊은 나이에 병들어 죽고, 자기는 늙어가면서 자신의 음악은 잊혀지고, 모차르트의 음악이 번성하는 모습을 보며, 신께서 자기에게 내린 비참한 형벌이라고 여겼다.

이러한 것은 영화만의 이야기가 아니다.

내가 조리사로 생활하면서 깨달았던 것은, 맛에 대해 천부적으로 타고난 사람이 있다는 것이다. 그저 대충 이것저것 넣어서 요리를 만들지만, 항상 그 맛은 좋았으며, 일정한 맛을 고객들에게 선사해 주었다. 그러나 다른 사람이 똑같은 분량의 양념을 하고 조리를 하여도 그 맛은 나지 않았다. 같은 레시피를 가지고 똑같이 조리하였는데도 말이다.

이런 예는 여러분들 주변에서도 흔히 발견할 수 있을 것이다.

내가 라면을 아무리 맛있게 끓여도 음식점에서 끓여주는 것보다 맛없다고 느낀 적이 있을 것이다. 아니면, 최소한 똑같은 라면을 열 사람에게 주고 똑같은 불에서 끓이라고 했을 경우, 그 맛이 같을까? 모두 알다시피 답은 "다르다"이다.

물의 양, 불의 강약, 라면과 수프를 넣는 타이밍, 면발을 저어주는 솜씨, 끓일 때와 마무리할 때 뚜껑의 열림 상태, 불을 끄는 시점, 담는 방법 등의 변수에 따라 그 맛과 질감이 다른 것을 꼭 해봐야만 알겠는가?

그런데 말이다.

유난히 맛이 좋은 사람이 있다. 그러한 재주가 있는지 자기도 모르는 경우가 많다. 그러한 사람들 대부분은, 그저 마음에, 생각에 이렇게 하면 될 것 같아서, 라면 물의 양을 재고, 끓는 시점, 넣는 시점을 느끼고, 손이 가는 대로 휘저으며 라면을 끓여낸다. 대충 했다고 하는데, 열심히 신경써서 끓여낸 사람보다 맛있다. 이러한 것은 노력으로 일부 가능하지만, 대체적으로는 느낌이나 재능을 타고난 것이라고밖에 설명이 되지 않는다.

나는 재능보다는 노력으로 여기까지 왔다.

그래서 재능있는 사람이 부럽다.

학생들을 가르치다 보면 이러한 차이는 확연하게 난다.

전에 해본 경험이 있든 없든 상관없이, 내가 시범으로 보인 것을 잘 따라 하는 학생들이 있는 반면, 아무리 손을 잡고 가르쳐도 안 되는 학생이 있다.

재능이 전혀 없다고 느껴지는 장면이다.

그러한 느낌이 올 때, 나는 이렇게 얘기한다.

"○○야, 너는 조리사보다는 서비스하는 것이 좋을 것 같아.

그쪽이 급여도 더 좋고 진급도 빠르니까, 취업할 때 홀서비스로 지원해 보도록 해봐.…"

인생을 살면서 혹시 이와 비슷한 얘기를 들은 사람이 있다면, 알아서 판단하시라.…

나는 취미로 음악을 해보았다.

기타를 독학으로 배우고 코드와 가사를 외우며 노력해 보았다.

사람들에게 제법 좀 친다는 소리에 어깨가 으쓱한 적도 있었다.

그러나 어느 한계에서는 노력으로 더 이상 발전되지 않는 벽이 느껴졌다.

암만 노력해도 그 벽을 넘을 수가 없었다.

그런데 나이가 어려도, 누구에게 특별한 지도를 받거나, 크게 노력하지 않았어도, 아무렇지도 않게 그 벽 너머에 있는 사람을 보고 나서, 나는 기타를 팔아 치워버렸다.

세상에는 노력해도 안 되는 것이 있음에 틀림이 없다.

하지만 거기서 만족하고 그만큼만 즐겨라.

그래서 행복하다면 '당신은 현명한 사람이다.'라는 생각에 다시 기타를 샀다.

그리고 내 실력만큼만 즐기기로 했다.

그러나 너무 높은 곳만 보지 말고, 주제 파악 좀 하면서 살자는 얘기다.

6. 총주방장은 누가 되나?

– 호텔에서 총주방장이 되려면…

텔레비전 드라마 또는 '식객' 같은 영화에서 보면, 책임자를 선발할 때, 조리 경합을 벌이는 상황을 많이 보았을 것이다. 그런 것을 보는 시청자들은 실력을 겨루어 이기는 사람이 높은 자리에 올라간다는 것을 지극히 당연한 순리로 받아들였을 것이다. 하지만 현실에서 그런 경합은 없다. 메뉴개발을 위한 동기유발이나 호텔 홍보를 위해서 요리 전시를 하는 경우가 있긴 하지만, 책임자를 정하기 위한 대회나 행사는 없다는 것이다. 그러면 과연 누가 총주방장이 될까?

명칭	직급	업무	기타
총주방장	이사	조리업무 총괄	정년퇴직 없음
	부장(차장)		60세 정년퇴직
주방장	조리과장	대규모업장 책임자	
	대리	중규모업장 책임자	간부사원
부주방장	조리계장	소규모업장 책임자	대외적 조리장
조리사	주임(1급조리사)	파트조리장	정식사원
	조리사(2급조리사)	숙련된 업무	정식사원
	어시스트(보조)	초급 업무	인턴계약
	아르바이트	조리 잡무	일정근무 후 인턴
	실습생	실습	
기물관리	식기관리	식기세척	주로 여성

이전에는 특급호텔의 조리직 사원이 500여 명 정도 되었다. 지금은 식음료 업장이 많이 줄어서 2~300명 정도로 줄었다고는 하지만, 그들의 지휘관 격인 총주방장의 자리는 여전히 매력이 넘치는 자리임에 틀림이 없다. 하지만 누구나 될 수 있는 것은 아니고, 보이지 않는 실력과 눈치와 경쟁의 승리자가 총주방장의 자리에 앉을 수 있다. 우선 직급상 그 위치를 한번 보도록 하자.

호텔이나 회사마다 다소 차이는 있으나 대략 이런 정도의 인사적인 흐름을 갖는다.

어시스트에서 총주방장까지의 이론적인 진급 가능 연한은 20년으로 되어 있으나, 보통은 30년 만에 과장까지 가는 경우가 많다. 주임은 10년 만에 되고…

총주방장이 이사인 경우 정년퇴직은 없으나, 내일이라도 회사에서 필요 없다고 하면 당장 나가야 한다. 하지만 부장인 경우는 60세까지 정년보장을 받는다. 따라서 일찍 이사가 되는 것이 좋은 것만은 아니다. 그전에 이사까지 진급하고 회사에서 내보내는 경우가 허다하기 때문이다.

그럼, 과연 누가 총주방장이 되는 것일까?

호텔에서 진급 시 가장 중요시하는 것은 외국어 실력이다.

그것을 위해 매년 전 사원에게 외국어 시험을 보게 한다. 특히 영어. 그 점수를 매년 체크하여 가장 많이 반영한다.

물론 조리과장까지는 조리부장의 영향력도 어느 정도 있지만, 최종적으로는 영어로 소통할 수 있어야 진급이 빨리될 수 있다. 그 다음이 매출신장을 통한 영업능력이고, 그다음이 리더십이라 할 수 있다. 왜냐하면, 호텔의 수준이 높아지려면 외국인 조리장이 필수이고, 그들과 의 사소통이 원활해야 하기 때문이다. 또한 호텔을 찾는 고급손님 중 외국인이 차지하는 비율이 크기 때문에 고객 영접을 위해서도 총주방장의 영어실력은 탁월해야 한다.

이를 위하여 외국어 실력이 좋은 사원은 미리 해외연수의 경험을 쌓게 배려해 주는 경우도 있고, 외국 지사에서의 근무경험을 가지게 하는 경우도 많이 있다.

다소 이율배반적이기는 하지만 총주방장의 조리능력은 거의 필요가 없다. 가끔 외국의 총주방장이 주방에서 진두지휘하는 모습이 보이기는 하지만, 실제로는 주방에 서 있을 시간이 없을 정도로 분주한 업무를 처리해야 한다. 심한 경우 요리하는 팬도 제대로 돌리지 못하는 총주방장도 있었다.

좀 더 멀리 보고 뜻을 이루려면,
우선 외국어 실력,
그리고 학력(대학원 졸),
그 다음에 매출, 조리기술 등.
그 이전에,
윗사람들과 소통을 잘할 수 있는 능력!
직원들을 통솔할 수 있는 통솔력!!

7. 사람들이 나에게 장사를 해보라고 한다

난 일본요리를 배우고 가르쳤지만, 만약 장사하게 된다면 중국요리 전문점을 차리고 싶다.

20년 넘게 교수를 하다 보니 여기저기 불려 다니며 여러 가지 일을 하게 되면서 잡사가 된 느낌이다.

- 조리자격증 실기감독, 실기문제 출제, 실기문제 검토 등부터 시작하여,
- 선생님을 선발하는 중등교원 임용고시 출제, 검토위원
- 조리사 선발을 위한 각종 회사나 단체에서는 면접심사 의뢰
- 조리경진대회 심사의뢰, 저나트륨 조리 교육 강사
- 조리사협회, 외식업협회 등에서의 위생교육
- 어린이집급식 지원센터에서의 조리교육
- 외식업체에서의 메뉴개발 의뢰, 자문 의뢰, 기술교육 의뢰

심지어는 위탁경영까지 의뢰받아 1년 넘게 레스토랑과 카페의 운영을 해준 경험도 있었다.

그러다 보니 여러 가지 잡다한 일을 하게 되었고, 그래서 자칭 '잡사'가 된 것이다.

내 돈 버는 것보다 남 돈 버는 것만 도와주다 보니 그렇게 된 듯하다.

그래서 장사는 생각 못 했는데, 막상 장사를 권하는 사람들 때문에 생각해 보게 되었다.

뭐하면 좋을까?

머릿속에 떠오르는 것이 하나 있는데, 그것이 중국요리 식당이다.

홀 한가운데 약간 높게 간이주방을 만들어 모두가 보이게 하여 중국식 프라이팬인 웍을 흔들며 경쾌하고 리얼한 요리장면을 보여주며 당일의 특선요리를 선보이고 싶다.

그렇게 만든 요리를 직접 고객에게 정중하게 가져다주면서 요리에 대해 우아하게 설명해 준다. 그러면서 다른 손님들도 그 요리를 주문하도록 자연스럽게 유도될 것이다. 견물생심(見物生心 : 물건을 보면 가지고 싶음)과 호기심, 부화뇌동(附和雷同 : 일정한 의견 없이 남의 의견에 따라 행동함)의 심리를 이용하는 것이다. 일찍이 서양요리에서는 작은 카트 위에 요리를 싣고 고객 앞에서 퍼포먼스를 보여주는 서비스방법이 시행되었다. 그것을 좀 더 요란스럽고, 우아하게 보석처럼 귀한 서비스를 해주는 것이다.

예전의 주방은 폐쇄적이었지만, 요즘은 개방된 주방이 이미 많이 생겨났다. 하지만 먹방이나 뷔페 등에서의 즉석요리 코너 확충으로 조리사들이 고객 앞에 노출되는 것이 고객들에게 그다지 흥밋거리가 되지 못하고 있다.

그래서 좀 더 강력한 퍼포먼스가 기대되는 것이다.

중국요리를 하는 버너 소리와 웍 돌아가는 소리, 그리고 거기서 가열 조리되는 소리는 무척이나 요란하고, 불꽃은 현란하다. 그런데 그 소리를 소음이 아닌 식욕 자극의 수단으로 삼아보는 것이다.

눈으로 과정을 보고 귀로 들으면서 코로 냄새 자극을 받아 주문해서 먹어보고 싶다는 욕구가 충만할 타임에, 완성된 요리를 옆 테이블로 가져다주는 모습을 보면, "나도 저거 하나" 하고 외치지 않을 사람이 어디 있겠는가? 주문하지 않고는 못 배기게 하는 것이다.

예전에는 빵집 오븐에서 나는 빵 굽는 냄새를 환풍기로 내보내, 그 향기에 끌려 고객을 오도록 만들었다는데, 그보다 진보된 방법이 아니겠는가?

한때는 인가가 많았던 철판구이요리에서 불쇼나 칼쇼 등의 현란한 모습을 보여 고객들의 흥미를 끌기도 하였다.

어떤 장사가 되었든 퍼포먼스가 중요하다는 말이다.

8. 세상에 없는 것

1) 공짜

누구나 알고 있는 사실이고 많이들 들어봤을 것이다.

청년실업이 문제가 대두되면서, 젊은이들 가운데서 다단계의 유혹에 빠지는 경우가 많이 있다고 한다.

월 10% 이상의 고수익을 미끼로 내미니까…

많은 학생이 호텔 또는 대기업의 좋은 취업자리를 희망한다.

입학 초기에 학생들의 질문 중 가장 많은 것은 "호텔조리사가 되려면 어떻게 해야 하나요?"이다.

생각할 겨를도 없이 '영어!'라고 대답하고 이어서,

"영어는 기본이고 제2외국어로 한두 개 더해야…"

그런데 학생들은 이미 '영어'라는 말에 기가 죽어 고개를 숙인다.

(영어~ 앞에만 서면 나는 왜 작아지는가, 라는 가요가 떠오르는 대목이다.)

그렇게 졸업시즌이 다가오면 취업 걱정을 하면서 취업설명회를 듣는다. 그때까지도 해놓은 것은 없으면서, 좋은 취업자리만을 바라본다.

대부분 서류전형에서 탈락하고 만다.

입학 시에 그리 얘기했건만, 준비는 없이 결과만 갈구한다.

"얘들아, 다시 말하거니와, 세상에 공짜는 없다."

"준비된 자만이 좋은 길로 갈 수 있는 것임에…"

2) 쉬운 일

학생들 대부분이 아르바이트를 한다.

주말이나 주중 가릴 것 없이.

때로는 밤새 아르바이트를 하고 와서 수업시간에는 비몽사몽이다.

밤새 게임을 하고 와서도 존다.

밤새 잘 자고 와서도 존다.

그렇게 고등학생 때까지 조는 것만 배워서 대학에 온다.

그리고는 일은 쉽고 돈 많이 주는 곳만 찾는다.

외국에서 오래전에 이런 실험을 해보았다고 한다.

침대에 누워 아무것도 하지 않는 아르바이트…

그냥 누워서 손가락도 까딱하지 않고 쉬기만 하면 되는 아르바이트…

시급은 지금 시세로 약 5~10만 원…

2~3일 이상하면 보너스를 얹어주는 아르바이트…

이렇게 말하면 누구나 할 수 있을 것 같다.

그래서 학생들은 "꿀알바"라고 한다.

그런데 그 아르바이트를 대부분 중도에 포기한다고 한다.

너무 쉬운 아르바이트인데, 그것이 오히려 스트레스라고 한다.

또, 전에 이러한 장면이 나오는 코믹 영화를 본 적이 있다.

풍선 여러 개를 종이로 잘 포장하는 것이다.

풍선이 미끄러워 쉽지는 않지만, 그다지 난이도가 높지는 않은 일이다.

그런데 포장을 마치자마자 바로 옆에서 망치로 다 터뜨려버린다.

그리고 계속 포장하란다.

역시 계속 터뜨리고,…

나중엔 일의 허무함을 느낀 참여자가 못하겠다고, 하던 일을 내던지고 나간다.…

아무리 쉬운 일도 보람이 없으면 하기 힘들다는 것이다.

결국, 세상에 쉬운 일은 없나니, 하나도 없도다.

"애들아! 쉬운 일 찾지 말고, 보람된 일을 찾도록 해라."

9. 시합하기

하루에 두 번씩 샐러드를 200개씩 담아 랩으로 씌우는 것이, 호텔에서 2년간 나의 임무였던 적이 있었다.

양상추를 다듬어 한입 크기로 찢어 물에 담가 숨을 살려 건져 놓는다.

적채를 가늘게 바늘처럼 썰어 물로 씻어 놓는다.

오이를 돌려깎아 물에 담갔다가 채썰어 놓는다.

토마토 껍질을 벗겨 반달썰기해 둔다.

무순을 물에 헹궈 놓는다.

샐러드 그릇을 쟁반 위에 12개씩 놓고 작업대 위에 펼쳐 놓는다.

이렇게 준비가 끝나면 양상추를 담고, 그 위에 적채와 오이, 토마토, 그리고 무순을 가지런히 담는다.

다 담은 다음에는 랩을 이용하여 잘 감싸서 마르지 않게 한다.

냉장고에 넣어 두고 손님이 오실 때마다 한 개씩 꺼내어 드레싱을 뿌려 내준다.

이 일을 날마다 하다 보면, 싫증도 나고 짜증도 난다.

인간은 반복되는 단순한 일상 앞에서 누구나 그렇게 느껴지는 모양이다.

어느 날 문득, 샐러드를 항상 즐겁게 담을 수는 없을까? 생각하다가 아이디어가 하나 떠올랐다.

샐러드 담기 전에 잠깐 눈을 감고 생각한다.

지금, 나는 세계 샐러드 담기 경진대회 결승전에 출전한 것이다.

지금부터 가장 신속하게, 그리고 정확하게 샐러드 200개를 담아내야 하는 문제가 출제된 것이다.

땅! 하는 소리와 함께 눈을 뜨고 스타트를 한다.
미친 듯이 그릇을 깔고 재료들을 담아 나간다.
신속하게 담기 위해서 두 손을 동시에 사용한다.
그러니까 한번에 두 그릇씩 양상추를 담는다. 그것도 일정한 양으로, 옆에서 다른 직원들이 보기엔 약간 미친 듯한 동작으로 열담(열나게 담아냄)을 마친다.

그러다 보니, 날마다 조금씩 그 속도가 빨라졌다.
물론 샐러드의 모양도 일정했다.
많은 관중의 환호소리와 1등 시상대가 내 눈앞에 펼쳐진다.
그렇게 샐러드 담는 시간을 줄이니, 다른 일들을 배울 시간이 생겼다.
그렇게 미친 듯이 일하다가 세월이 흘러, 어느덧, 대학에 임용이 확정되어 드디어 사표를 내던 날, 조리과장이 나를 조용히 부른다.

"오혁수 씨는 세 사람 분량의 일을 하는데, 지금 그만두면 업장 장사는 어떻게 하라고.…
휴일이나, 외부강의시간 모두 맘대로 해도 좋으니, 근무스케줄은 원하는 대로 해주고, 근무상 필요한 모든 편의를 다 제공해 줄 테니까, 제발 사표만은 내지 말아줘!"

난 그때서야 깨달았다.

습관적으로 짜증내며 임했던 단순한 업무들을 머릿속에서 대회를 연상하며 즐겁게 일하다 보니, 좀 더 솔직히 말하면, 미친 듯이 일하다 보니, 내가 어느새 3인분의 일을 감당할 수 있는 능력을 갖추게 되었다는 것을…

지금도 조금 싫증 나는 일이 있으면, 나는 즐거운 상상을 하면서 그 일을 즐긴다.

때로는 콧노래를 부르며 핀잔을 듣기도 하고, 좀 이상하다는 눈치도 받지만, 그래서 내 인생이 즐거운 게 아닌가? 싶다.

나만, 즐거운가?

미친 사람처럼.…ㅎㅎ

10. "우동 한 그릇"에 관한 보고서

조리 철학?

이런 말이 있기는 한 것인지, 맞는 말인지는 잘 모르겠다.

하지만 요즘, 장사에 대한 개념도 없이 돈만 좀 벌어보겠다고 식당이나 빵집을 차렸다 망하는 이들을 보며, 평생 요리를 하였고, 조리 활용법을 가르치며, 먹는 것과 장사에 대한 컨설팅을 해주던 내 입장에서는, 철학 없이 장사를 해서 그러한 결과가 생긴 것이 아닌가 하는 아쉬운 마음이 든다. 나는 창업을 염두에 둔 학생들이나 장사 좀 해보고 싶다는 사람들한테 종종 이런 말을 하곤 한다.

"돈을 벌려고 장사를 하면 200% 망하고, 고객들에게 만족과 즐거움을 주기 위해 장사를 하면 300% 성공할 수 있다"고.…

얼마 전 인기를 끌었던 소설 "우동 한 그릇"에 대한 이야기를 한 번 해보려고 한다. 구리 료헤이 원작의 이 소설은 찢어지게 가난했던 어린 시절을 체험한 어른들과 가난을 모르고 자라난 세대의 사람들 모두에게, 울지 않고 배겨낼 수 없는 내용을 담고 있다.

(여기에서는 간단히 내용을 소개해 보지만, 기회가 되면 한번들 읽어보시라. 상당히 감동적이다.)

배경은 '북해정'이라는 우동가게로 부부가 운영하고 있었으며, 특히 연말이 되면 우동이나 소바를 먹는 일본인들의 습관으로 인해 매년 섣달 그믐날이 되면 우동집으로서는 일 년 중 가장 바쁠 때이다. 소설의 시작을 보면 다음과 같다.

밤 10시쯤 문을 닫으려고 옥호(屋號)막을 거둘 때, 출입문이 열리더니 6세와 10세 정도의 사내애들을 앞세우고, 계절이 지난 체크무늬 반코트를 입은 한 여자가 들어왔다.

그리고는 머뭇거리며 말한다.

"저… 우동… 일인분만 주문해도 괜찮을까요?"

뒤에서는 두 아이가 걱정스러운 얼굴로 쳐다보고 있었다.

"네… 네, 자 이쪽으로."

난로 곁의 2번 테이블로 안내하면서 여주인은 주방을 향해,

"우동, 1인분!" 하고 소리친다.

주문받은 주인은 잠깐 일행 세 사람에게 눈길을 보내면서,

"예!"

하고 대답하고, 삶지 않은 1인분의 우동 한 덩어리와 거기에 반 덩어리를 더 넣어 삶는다.

여기서 여러분들에게 한 가지 묻고 싶다.

저 배경을 한국이라 생각하고, 당신이 중국집을 운영하고 있다고 생각해 보자.

유난히도 바빴던 하루의 장사를 마치며, 남편은 주방에 불을 끄고 부인은 홀을 정리하고 셔터를 내리려는 순간, 허름한 옷차림의 여인이 초라해 보이는 사내애들 둘을 데리고 들어와서,

"저.… 짜장면.… 한 그릇만 주문해도 될까요?"라고 한다면, 여러분은 뭐라고 대답할 것인가?

사실 "문 닫았어요!"라고 얘기하며 거절해도 나쁜 사람이 되는 것은 아니다.

그런다고 해서 장사가 망하거나 흥하는 데 전혀 관계가 있는 것도 아니다.

아니, 어쩌면 저 상황에서는 "문 닫았어요!"라는 답변이 더 자연스럽고, 당연할 수도 있다.

그런데 북해정의 우동집 가게 주인은 그러지 않았다.

한 치의 망설임도 없이

"네… 네, 자 이쪽으로."

난로 곁의 2번 테이블로 안내하면서 여주인은 주방을 향해,

"우동, 1인분!" 하고 소리쳤다.

다시, 우리의 현실로 돌아와서 보자.

장사를 마치고 셔터를 내리려는 무척 고단한 상황에서, 초라한 세 사람의 손님이 들어와 짜장면 한 그릇을 주문하는데, 기꺼이 주문을 받아 곱빼기로 내어줄 수 있는 사람이 과연 한국에도 있을까? 그들이 다 먹을 때까지 기다려주어야 하는데도 말이다.

"이윽고 다 먹자 150엔의 값을 지불하며, '맛있게 먹었습니다.'라고 머리를 숙이고 나가는 세 모자에게, '고맙습니다. 새해엔 복 많이 받으세요!'라고 주인 내외는 목청을 돋워 인사했다."

당신도 저렇게 감사하다고 새해 인사를 기쁘고 힘차게 할 수 있겠냐고 묻고 싶다는 말이다!

"우동 한 그릇"을 통해 내가 여러분께 드리려 하는 말은, 그냥 마음씨 고운 우동집 부부를 소개하려는 것도, 애들을 위해 쪽팔림을 무릅쓰고 우동 한 그릇을 주문한 김 여사급의 맘충 같은 아줌마의 이야기를 하려는 것도 아니다.

첫째는 '교감'이라는 말을 하고 싶은 것이다.

요즘 시중에 편의점이나 각종 상점에서 쉽게 대할 수 있는 직원들에 대해 어떻게 느꼈는가? 그들 대부분은 아르바이트인 경우가 많고, 또한 그들은 고객들을 대할 때 영혼 없는 육신처럼 무감각한 표정과 감정으로 대하는 것을 경험해 본 적이 있었을 것이다. 그들과는 교감이 없다. 그저 앵무새처럼 이야기하고 기계처럼 사람들을 상대한다. 감정 없이 매뉴얼을 읽듯이 대하는 그 태도 때문에 나는 편의점이나 알바들이 많이 일하는 곳을 가급적이면 피해 다닌다. 이러한 느낌은 나 혼자만의 느낌이 아닐 것이다. 식당도 마찬가지다. 무표정한 모습으로 주문을 받고, 기계처럼 음식을 가져다 놓으며, 거기에 반찬 추가는 셀프란다. 오가는 손님들에게 눈길도 안 주면서 습관적으로 허공에 외쳐댄다.

"어서 오세요."
"안녕히 가세요."

식당은 그저 밥만 먹기 위해 방문하던 시대는 지나갔다. 대우를 받고 서비스를 받으며 즐거운 시간을 누리고 싶어서 가는 시대가 도래하였다는 것이다. 그러나 그것을 넘어서 레스토랑과 무언가 교감을 느끼고 싶어 하는 심리도 생겨나고 있다. 이러한 것은 현대에 와서 생겨난 것이 아니라 인간은 어디에서나 교감을 통해 마음의 안정을 얻고, 타인과의 교감을 통해 인생의 즐거움을 느끼고 있다고 생각한다.

최근 그러한 것들이 조금 어긋나서 독신자들이 혼술, 혼밥, 혼잠 등을 하면서 외로움을 달래고자 반려동물을 키우는데, 상당수는 그들과 교감을 하면서 지내고 있는 것으로 보인다. 그들을 자세히 관찰해 보라. 그들이 키우는 동물이 주인과 상당히 닮은 것을 보게 될 것이다. 인간은 자신의 모습과 비슷하게 닮은 것을 좋아하게 되어 있다고 한다. 어떤 이들은 자기 자식처럼, 어떤 이들은 형제처럼, 자매처럼. 또는 친구처럼, 연인처럼 지내기도 한다. 이 모든 것이 '교감'으로 설명될 수 있다.

삶이 고달픈 어머니가 자식들에게 해줄 것은 없는데 기를 죽일 수는 없고, 해서 한가한 시간에 우동집에 가서, 창피함을 감수하며 세 사람이지만 일 인분의 우동을 주문할 때의 용기. 그 형편과 처지를 순식간에 이해하고 자연스럽고도 반갑게 그들을 대해주는 태도에서도 역시 '공감'이라는 '교감'이 공유되었다고 해석이 된다. 그들 모르게 가격을 깎아주면서도 손님으로 대하며, 예약석까지 마련해 주던 넉넉한 마음을 세 사람도 느껴서, 감사한 마음으로 용기를 내어 살아갈 수 있었던 것이 '감동'으로 사람들에게 전해지는 것이다. 그 부부의 그러한 마음이 모든 손님들에게 항상 훈훈함을 주었을 것이고, 주변 상인들에게 인정을 받았을 것임이 틀림없다.

둘째는 철학이다.

'철학'이란 무엇인가? 그 사전적인 정의를 보면,
"① 인간이 살아가는 데 있어 중요한 인생관, 세계관 따위를 탐구하는 학문. ② 자기 자신의 경험 등에서 얻어진 세계관이나 인생관"이라고 한다.

장사한다는 것은 물론 돈을 버는 것이다. 그런데 돈을 벌기 위해서는 사람을 벌어야 한다는 진리를 깨달아야 한다. 왜냐하면 돈은 사람이 벌어주는 것이기 때문이다. 내 가게에 오는 모든 손님. 그들의 마음을 사지 못하면 그 가게는 망하는 지름길로 달려가는 것이다.

오래전에 남대문 근처 식당에서 대구탕을 주문하여 먹어본 적이 있다. 주인은 카운터에 서서 감정 없이 오고 가는 손님에게 인사하며 계산을 받는다. 주문은 표정 없는 직원들이 받고 음식도 가져다준다. 식사하다 보니 반찬이 모자랐다. 그래서 어묵을 좀 더 달라고 했다. 또 먹다 보니 김치도 더 필요했다. 대구탕이 너무 맛이 없어 국물만 조금씩 떠먹다 보니 반찬이 부족해졌던 것이다. 그런데 내가 반찬을 추가로 요구할 때마다, 고개를 홱 돌리면서 나를 꼬나보던 주인의 눈빛이 아직도 기억난다. 자기가 대답하는 것도 아니고, 더욱이 가져다주는 것도 아닌데… "그냥 먹지 뭘 그리 많이 추가로 요구하냐"는 듯한 표정으로, 머릿속으로 원가를 생각하며 나를 꼬나보던 그 눈빛을… 표정도 굳은 채로 씁쓸한 얼굴로 나를 바라보며, 계산이 끝나고 갈 때는 인사도 하지 않았다. 어쩔 수 없는 경우의 손님이 아닌 이상, 그 식당을 단골로

가는 사람은 그다지 많지 않았을 것이다.

반대의 또 다른 경우를 소개해 본다.

지인이 23년째 장사를 하고 있다. 어릴 때 중국집 배달부로 시작하여, 조리를 배워 주방으로 들어가 주방장으로 여기저기 스카우트되며 돈을 모아 장사를 시작하였다. 그분은 늘 부지런하여 군 입대 전날까지 일했고, 제대한 다음날부터 바로 일을 시작하였다고 한다. 언제나 새벽에 시장에 나가서 가장 좋은 재료만 직접 골라서 장을 보았고, 고객들 한 사람 한 사람을 정겹게 대하여 장기적인 단골손님도 많이 확보했다. 처음 온 고객들에게도 살갑게 대하며 불편함은 없는지 만족한 식사를 하시는지 꼼꼼히 살펴보며 가게를 운영하고 있다. 그리고 워낙 사람들을 좋아하여 주변의 많은 사람을 수시로 초대하여 식사를 접대해 준다. 그 누구든지 오면 반겨주고 먹여주고, 싸주고 하면서, 어떤 날은 반 이상이 초대한 공짜손님인 경우도 있었다. 그럼에도 개의치 않고 즐거움으로 모두 다 반가운 손님으로 대하며, 자기 가게에 오신 손님은 모두 다 맛있게 배부르고 기쁘게 나가셔야 한다는 믿음, 그런 철학을 가지고 계신 것이다. 그래서 늘 기쁘고 즐겁게 일하며… 지나가다 불쌍한 사람을 보면 도시락 만들어 갖다주기도… 식재료를 배달 온 사람 배고플 시간이면 초밥도시락을 싸서 들려 보내기도… 그래서 언제나 가게 안은 손님이 넘치고, 자리가 없어 되돌아가는 손님도 적지 않다. 그렇게 하며 매달 적지 않은 매출을 올리고 있다.

그의 철학은 고객을 만족시켜야 돈을 벌 수 있다는 것이다.

그런데 돈만 벌려고 하면, 고객을 만족시킬 수 없음을 명심들 하시라.

식당은 그저 배만 불리려고 가던 시대는 지났다.
요즘은 서비스를 받으려고도 간다.
미래에는 배가 아닌 마음을 채우려고 찾아가게 될 것이다.

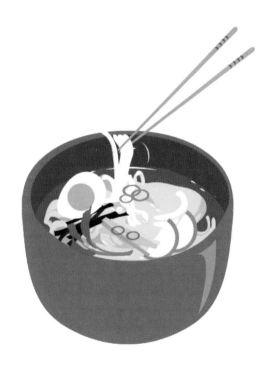

실패해 보자

실패해 보자.

내가 어렸을 때 유치원은 부자들만 가는 것이라 여겼다.

그래서 유치원은 못 다녔다.

그 대신, 국민학교(지금의 초등학교)는 다섯 군데나 다녔다.

1학년 구로남국민학교

2학년 동구로국민학교

3학년 휘경국민학교

4학년 수유국민학교

5~6학년 무학국민학교

그러다 보니, 공부에 흥미를 잃었고 당연히 중학교 성적은 좋지 못했다. 그러다 중3 여름방학이 되어서야 고등학교도 못 가는 사람이 되기 싫어, 고교 진학을 위해 공부라는 것을 몇 달 열심히 해봤다.

그랬더니 고등학교에 갈 수 있었고, 가속도가 붙으니 고1 때 반에서 3등까지 하게 되었었다. 그러나 다시 떨어져 성적의 롤러코스터를 타다가 반 석차가 59명 중 12등으로 졸업을 했다. 그리고는 대학시험을 보았는데 떨어져서 재수했다.

그런데 또 떨어졌다. 그런데 신기하게도 웃음이 나왔다.

대학 졸업을 앞두고 취업을 위해 면접을 봤는데 보기 좋게 탈락했다. 이번에는 두 번째에 붙어서 취직이 되었다.

그리고 전공을 바꾸어 대학원을 가려 준비했는데, 역시 두 번이나 떨어졌다. 나의 젊음은 실패의 연속이었다.

그러나 한번도 울지 않았다. 쓴웃음 한번 짓고 다시 일어나 달려가느라, 울 시간이 없었기 때문이다.

살아남기 위해서 가장 필요한 것은 많이 실패해 보는 것이다. 아니, 실패하고 나서, 다시 일어나는 연습을 해보는 것이다.

쓰러지고, 넘어져도, 다시 일어나 살아남기

"지금 당신이, 무엇인가 실패를 했거나, 탈락했거나, 떨어졌다면, 바로 지금이 다시 일어설 기회입니다. 그러다 또 미끄러진다면, 또다시 일어나면 됩니다.

슬픔이 나를 가로막으려 하기 전에 다시 일어나 먼저 앞으로 달려가세요. 슬픔을 따라잡아 회의적인 생각이 나를 앞지르지 못하게 말이지요.

많이 실패해 볼수록, 많은 어려움을 당해 볼수록, 당신은 더욱 성숙해질 것이고, 성공한 후에는, 당신이 할 수 있는 얘깃거리가 많아지니까요.

그러니까, 지금 다시 시작해 보시자고요. 어차피 시작된 인생, 포기하지 말고 실패도 많이 해보고, 극복도 해가면서, 지혜를 가지고, 살아남기 해보시자고요."

화보

2

1992

月刊 調理

CULINARY MAGAZINE

사단법인 한국조리사협회중앙회 발행

화보 월간조리 2월호 · 1991년 2월1일 (통권 제3호
1991년 12월 30일 등록(라-5372)서울시 용산구 갈월동 69-7

이달의
주요기사

* 조리사협회에서 발행하는 월간지 표지와 당시에 게재되었던 내용을 스캔한 것입니다.

노력하는 사람만이 모든것을 성취 할 수 있습니다

오 혁 수
롯데호텔 일식당
모모야마 조리사

일본식 건축양식과 내부 인테리어가 맞물려 있는 도시의 한공간, '롯데호텔 일식당 모모야마'.

들어서면 작은 분수대와 돌담길이 우리의 정원같은 분위기를 자아낸다. 특히 전체적인 공간의 활용이 한국적 美를 가미시켜 일식의 맛깔스러움을 더 한층 고조시키는 곳, 이곳에서 만난 사람 조리사의 길을 택하지 만3년이 된 오혁수(30)씨.

아직은 걸음마 단계의 아이라고 스스로를 겸손해 하는 그가 조리사의 길을 택하게 된데는 남다른 이유가 있었다.

"야간대학에서 도서관학과를 다니며 운전이나 디자인등과 여러 관계된 직장에 다녔습니다. 그러나 막상 군제대 후 졸업이 닥쳐오자 장래성이나 사회적 위치에 따른 저의 전공분야에 대해 깊은 회의가 밀려왔습니다. 그러던 차에 친척분의 소개로 조리사의 인연을 맺게 되었지요"

자신이 선택한 조리일이기에 후회없이 묵묵히 일하는 오혁수씨. "다른 사람들이 제가 만든 음식을 먹는다는것이 얼마나 즐거운 일인지 모를겁니다."그는 자신이 택한 조리사의 길을 되돌리고 싶지 않다고 한다.

한사람의 남편과 한아이의 아버지로 어느것도 소홀히 할 수 없는 그는 앞으로 조리의 실무와 이론을 겸비해 강단에 서고 싶은 욕심을 가지고 있다. 그래서 더욱 바쁘게 생활하는 그는 특근도 마다하지 않고 한가지라도 더 배울려고 노력하고 있다.

우리와 비슷한 환경과 체질을 갖고 있는 일본인들의 식단에 매료되어 일식을 택했다는 그는 일식단이 담백함과 저지방이 미래지향적 음식으로 부각됨을 손꼽았다. 한번쯤 자신의 모든 재주를 털어 그분야를 더 공부하고 싶어한다. 특히 그는 일본의 음식문화를 있는 그대로 받아들이는 것이 아니라 한국인의 입맛에 맞게 개발해내는 것이 무엇보다 중요하다고 믿고 실천하는 사람 중의 한 사람이다.

아직은 튀김을 제일로 손꼽는다고 얘기하지만 실상 그가 내놓은 음식은 그맛이 일품이라고 동료들은 얘기한다.

가끔은 어처구니 없는 일도 있었다고 한다. 남보다 어려보이는 용모 때문에 연회장에서 조리복을 입고 일하는데도 어린애 취급을 당할 때도 있었기 때문이다. 사실 스스로 거울을 들여다 봐도 동안의 얼굴이라 웃을 수 밖에 없는 상황이고 보면 답답함보다는 이젠 그것을 장점으로 내세워 더욱 분투 노력하고 있다고 한다.

그는 용모에 따른 달변 또한 "음식은 사람과 뗄 수 없는 관계를 맺고 있지요. 그래서 조리사는 그 사람들의 욕구를 충족시키기 위해 끊임없이 음식을 개발해 냅니다."라고 음식문화 예찬론을 피기도 했다. 이런 오혁수씨의 말은 자신의 노력에 대한 중요성과 내부로부터의 마음가짐 또한 사회의 건강성에 대한 조리사의 책임까지 포함한 말임을 알 수 있었다.

노력하는 사람만이 모든것을 성취할 수 있다고 믿는 오혁수씨, 그의 조리에 대한 긴 안목을 서로 지켜봐 주었으면 싶다. 〈대〉

오혁수

경기기계공고 전기과를 졸업하여 재수에도 실패했었고, 대학교에서 도서관학을
전공한 후, 호텔에서 조리사 생활을 시작하였다.
조리하면서 전공을 바꿔, 두 번의 실패 끝에 대학원에 진학하여, 식품공학
석사학위를 받은 후, 1998년도에 국내 최초 일본요리 전임 교수가 되었다.
이후 식품공학 박사학위도 받고, 교재 발간과 조리학회 활동을 하고 있으며,
산업체 메뉴기술 자문, 각종 심사, 출제감독 관련기관에서도 활동 중이다.
지금은 신안산대학교 호텔조리과 학과장으로 재직하고 있다.

조리사로 살아남기

2019년 2월 20일 초판 1쇄 인쇄
2019년 2월 25일 초판 1쇄 발행

지은이 오혁수
펴낸이 진욱상
펴낸곳 백산출판사   저자와의
교 정 김영린   합의하에
본문디자인 오행복   인지첩부
표지디자인 오정은   생략

등 록 1974년 1월 9일 제406-1974-000001호
주 소 경기도 파주시 회동길 370(백산빌딩 3층)
전 화 02-914-1621(代)
팩 스 031-955-9911
이메일 edit@ibaeksan.kr
홈페이지 www.ibaeksan.kr

ISBN 979-11-5763-892-5   03040
값 15,000원